ヒッタイト帝国

「鉄の王国」の実像

津本英利
Tsumoto Hidetoshi

PHP新書

はじめに

筆者が「ヒッタイト」に出会ったのはいつだろう。中学生の頃、父が遺した中公文庫『世界の歴史』の第一巻を読み始め、そこでヒッタイトの名を知ったのが最初だったように思う。そこには「ヒッタイトの象形《しょうけい》文字（※ルウィ語象形文字）は未解読である」と書かれていたのをいまだによく覚えている。当時の筆者は地方に暮らす中学生で、ヒッタイトはもちろん、ヒッタイトの故地であるトルコについても全く知らなかった。

一般的には高校の世界史の授業でヒッタイトについて初めて習うのだろうが、不思議なことに自分にはその記憶が全くない。高校でヒッタイトについて習う内容は、だいたいこういう内容だと思う。

・鉄器を早くから使用して、古代オリエント世界でエジプトに並ぶ勢力を築いた。
・シリアのカデシュでエジプトと戦ったが、世界最古の和平条約を締結した。
・バビロンを攻撃して滅ぼした。
・「海の民」という謎の勢力に攻撃されて滅んでしまった。

ヒッタイトについてはそれ以上の知識もなかったのだが、何となくどこか外国の考古学を学びたいと思い、大学に入学した。先輩の紹介で大村幸弘氏率いるトルコのカマン・カレホユックでの発掘に参加することになり、その後はあれよあれよという間にアナトリア（現在のトルコのアジア側部分を指す）の考古学へと引き込まれていった。

大学院に入ってからは一時シリアの発掘現場に移ったが、ドイツへの留学以降はトルコの発掘現場に戻り、毎年夏になるとドイツ人たちと一緒に車でドイツからトルコまで行き、数か月発掘をしてまたドイツへ戻るということを何年も続けた。そのトルコの発掘現場が、ヒッタイト帝国の地方都市遺跡であるクシャックル（古代名サリッサ）とカヤルプナル（古代名サムハ？）であった。ヒッタイト遺跡の発掘、しかも外国隊に参加したのは得がたい経験となった。

筆者の専門は考古学であり、遺跡での発掘はできても、ヒッタイトの文字については詳しくない。クシャックルなどで粘土板文書が出土する場面にも立ち会ったが、解読するのは専門のヒッタイト学者である。約一二〇年前のヒッタイト帝国の再発見以来、その研究を長年リードしてきたのはこうした文字の解読作業であった。本書でも、その成果を多分に使わせてもらっている。

比較的若い学問であるヒッタイト学は、歴史学的な関心はもちろん、文字に記されたインド＝ヨーロッパ語族という意味では最古の言語という言語学的な関心、豊富に残された宗教儀礼記録を通しての宗教学的関心、そして古代ギリシャ神話にも通じる神話学的な関心により推進されてきた。その研究においては、考古学はどちらかといえば遺跡を発掘して生のデータ（粘土板文書）を提供する補助的な立場を長く続けていたといえるだろう。しかし、筆者がドイツやトルコで見聞きしてきたものは、日々厚みを増すヒッタイトについての考古学的知見であり、「なるほどそういう考古資料の見方ができるのか」と学ばされるところが多かった。

日本に戻って就職し、講演などでヒッタイト帝国について話すようになったのだが、受講者によく尋ねられたのは「日本語の手頃な本はありませんか？」ということだった。「英語でならあるんですけどねえ……」と答えるのが常で、確かに日本語で書かれた本は専門書が多く、値段的にもお手頃といえなかった。そこへこの本の出版のお話をいただき、自分の無知も顧みず、蛮勇をふるって屋上屋を架すことにした次第である。

本書を読んでいただくうえで、いくつか先にお断りしておきたいことがある。三〇〇〇年も昔の話なので「千年紀」（英語でミレニアム millennium）という言葉が時々出てくる。二〇年ほど前、紀元後二千年紀から三千年紀になる前年（二〇〇〇年）には「ミレニアム婚」などとこの言葉が一時ブームになったように記憶するのだが、これは一〇〇〇年を単位とする言葉であり、例えば「紀元前二千年紀」とは、紀元前二〇〇〇年から紀元前一〇〇一年までを指す。

また古代の地名についてであるが、ヒッタイト語の楔形《くさびがた》文字では「s」の字と「š」(sh)の字を区別して書かなかったので、どちらで発音されていたかは知る由もない。それゆえ、例えばヒッタイトの都の名「ハットゥッサ」と「ハットゥッシャ」、ヒッタイトを古代オリエントの大国に築き上げた王の名「シュッピルリウマ」と「スッピルリウマ」などは、どちらも間違いではなく、逆にどちらも正しい読み方ともいえない。研究者によって呼称にばらつきがあるのにも理由があることをお含みおきいただきたい。

ヒッタイト帝国　目次

第三章 ヒッタイト帝国の混乱：中期ヒッタイト時代

第四章 帝国化するヒッタイト：ヒッタイト帝国期

第五章 絶頂からの転落？：ヒッタイト帝国の滅亡

第六章 ヒッタイトのその後：後期ヒッタイト時代

第十章　ヒッタイトの戦争と外交

第十一章　ヒッタイトの都市とインフラ

第十二章　ヒッタイトの人々の暮らし

第十三章　ヒッタイトの再発見

第一章　ヒッタイト人の登場

ヒッタイト人はどこから来たか

現在私たちが「ヒッタイト人」と呼ぶ人々は、いつ頃、どこで登場したのであろうか。それにはまず、「ヒッタイト人とは何者か？」という問いに答えなくてはならない。実はヒッタイト帝国は当時「ヒッタイト国」ではなく、正確には「ハッティ国」と呼ばれており、「ヒッタイト」というのは英語での現代人による呼称なのである。さらに、ヒッタイト帝国の支配層は「ハッティ人」とは呼ばれていなかったので、話がややこしくなる。

「ハッティ国」というのは、元々はアナトリア（現在のトルコのアジア側地域）の中央部を指す地域名称であり、そこに住む人々は「ハッティの人々」と呼ばれていた。そこに、いつ頃かは不明だが、遅くとも紀元前二〇〇〇年頃には、インド＝ヨーロッパ語族の言葉を話す人々が登場し、先住民であると思われる「ハッティの人々」を支配するようになっていった。この新しい支配者の言葉はヒッタイト時代の人々には「ネシャ語」と呼ばれていたのだ

アラジャホユックの「王墓」群

が、現在私たちが「ヒッタイト語」と呼んでいる言語は、このネシャ語のことである。ネシャ語を話す人々は、自分たちが支配する国を、旧来のまま「ハッティ国」と呼び続けた。

それゆえ、「ヒッタイト帝国」は当時の呼称に従えば「ハッティ国」と呼ばなくてはならないのだが、先住のハッティ人（ハッティ語）との区別が付け難いので、「ヒッタイト」という呼称が学界でも一般化している。なお、ハッティ人を指して「プロト（原）・ヒッタイト」と呼ぶこともある。ハッティ語はいわゆる「孤立言語」であり、周辺のどの言語（インド＝ヨーロッパ語やセム語）とも共通性がない。

前述した通り、アナトリアにインド＝ヨーロッパ語族が登場した時期ははっきりしない。農耕・

牧畜が始まった新石器時代（約一万年前）から既にいて、農耕・牧畜の拡散と共にヨーロッパ方面へ広がっていったという説もあれば、紀元前三〇〇〇年頃にアナトリアの北方（現在のロシア南部やウクライナ）から南下してきたという説もある。トルコのアラジャホユックという遺跡の、通称「王墓」と呼ばれる紀元前三千年紀後半の大型木槨《もっかく》墓群から、副葬品の鉄剣（世界最古の鉄剣）や多数の黄金製品が出土しているが、このような木槨墓の築造は同時期の南コーカサス地方とも共通するものであり、インド＝ヨーロッパ語族の移動を示すものと考える研究者もいる。文字のない時代のため、我々はこれらの時代にどのような言語が話されていたかは知る由もない。しかしネシャ語はヒッタイト帝国の時代に文字で記録されているので、インド＝ヨーロッパ語族に属していることは文法からも明らかである。

多言語が飛び交うアナトリア

それでは「ネシャ語」のネシャとは何か。これはアナトリアの中央部にあったカネシュの町に由来している。インド＝ヨーロッパ語では、時代が進むにつれ「k」の音が発音されなくなる現象が起きるが（現在の英語でも、例えばknifeという語にその現象がみられる）、ネシャ語を話していた人々も、カネシュという名前からkの音が脱落した「ネシャ」という名でこの町を呼ぶようになった。カネシュは、現在のキュルテペ（トルコ語で「灰の丘」の意）という遺跡がそれにあたる。キュルテペでは十九世紀末から発掘が始まり、これまでに数万枚もの楔形《くさびがた》文字（古アッシリア語）粘土板文書が出土している。この粘土板文書を残したのは、地元のアナトリアの人々ではなく、遠く南方のアッシリア（現在のイラク北部）から八〇〇km以上の山道を越えてやって来て、交易のためにこの地に居留地を築いたアッシリア商人たちであった。アッシリア商人たちは、紀元前二〇〇〇年頃以降、銅や銀という、メソポタミアには乏しく、アナトリアには豊富に埋蔵されている地下鉱物資源を求めて、ロバの隊商をしつらえてやって来た。当時、アナトリアでは既に都市が各地に成立し、王権（国家）も成立していたのだが、アナトリアの人々はまだ独自の文字を持っていなかった。アッシリア商人たちは、アナトリア各地のそれぞれの都市国家に君臨する王の許可を得て、「カールム」と呼ばれる居留地を各都市に設けていた。アナトリア各地の数あるカールムを統括し、かつ最大のカールムであったのが、カネシュのカールムであった。考古学的にはこの時代を「カールム時代」あるいは「アッシリア商業植民地時代」と呼んだりする。この時代のアナトリアにとって、アッシリア商人はあくまで「お客」のような人々だったため、この名称は今となっては不適当というよりほかないが（そのため、特定の民族に由来する時代名称ではなく、「中期青銅器時代」と呼んだ方がいいのかもしれない）、文字史料を残したということが大きな意味を持ち、既に学界に定着して久しい。キュルテペの場合、アッシリア商人は町の中心か

キュルテペのカールム（手前）。奥に見えるのがカネシュ王の居城があった丘

らやや外れた平地にカールムを設けており、大量の粘土板文書はほぼ全てがそこから出土したのだが、カネシュ王が住んでいた巨大な宮殿があった丘（ペルシア語で「テペ」、直径約五〇〇ｍ）からは、文字史料は全くといっていいほど出土しない。もっとも、カネシュ王とアッシュル王が、アッシリア商人保護のために結んだ条約文書が近年出土しており、アナトリアの人々が全く文字を解さなかったわけではなく、アッシュル商人を介した文書のやり取りは行われていた。

「布は強制的に安値で買われてはならない。クタヌ布はその税が支払われたのち購入されるべし。

アッシリア人がこの地で殺され、その財産が失われたら、（その縁者には）補償金が支払われる。犯人はアッシリア人に引き渡され、彼らの手で殺されるべし。犯人以外が身代わりで引き渡されてはならない。失われた財産は(その縁者に)返還されるべし。

アッシリア人とカネシュ人が債務を負ったなら、(債務者が債務を払わないという理由で)彼は逮捕されるべきではない。(その代わり、債務者の財産が売り払われるべきであり、)債権者はその金を得て、残余は債務者に還されるべきである。

アッシリア人の布がこの地で失われたなら、失われた財産は発見され持ち主に還されるべきである。もし見つからないときは、持ち主が誓約を行い、失われた分が正確に持ち主に支払われるべきである。

カネシュ人または移住者は、商人や寡婦《かふ》の家に入ってはならない。

アッシリア人の良い家、良い奴隷、良い妾《めかけ》、良い畑、あるいは果樹園は、現地人により奪われたり押収されたりしてはならない。

パラカンヌ布の一〇分の一は税として支払われる。もし(支払われることなく)カネシュ市の門をくぐれば、この布は定価で売られてはならない。

もしアッシリア人が現地人に債務を負い逃亡した際は、他の商人や外国人、兄弟はその責を負うことはなく、債権者は宮廷に訴え出るべし。

アナトリア人が労働に駆り出されるとも、アッシリア人はそれから免除される」

カネシュ王とアッシュル王の条約文書（アナトリア文明博物館）

（二〇〇〇年にキュルテペで発見された、アッシュル王とカネシュ王の条約文書）

この粘土板文書群からは、アナトリアに古くからいたハッティ人、のちにヒッタイト帝国の支配層となるネシャ語を話す人々（いわゆる「ヒッタイト人」。以下ネシャ語を「ヒッタイト語」と呼ぼう）、ヒッタイト語に近いインド＝ヨーロッパ系言語であるルウィ語を話す人々、言語系統がよく分からず、のちにヒッタイト帝国のライバルとなるミタンニ国（日本ではこちらの表記が定着して久しいが、原語の表記に基づけば「ミッタニ」が正しい）を形成するフリ人、そしてセム系言語を話すアッシリア人と、多様な言語集団が存在したことが分かる。また、それぞれの人名からどの言語集団に属するかを判断することができる。

のちのヒッタイト帝国時代以降の史料から判断して、ルウィ語はアナトリアの西部や南部、そして「ヒッタイト語」は中央アナトリア北部（「赤い河」に囲まれた地域）に主に分布していたことが分かっている。なお、ヒッタイト語の地域のさらに北には、パラー語という、ヒッタイト語と近い関係にある言語の人々もいた。仮にこれらの言語が北方（北東）から来たとすると、言語周圏論という考え方に基づけば、ルウィ語↓ヒッタイト語（ネシャ語）↓パラー語の順でアナトリアに入ってきたことになる。ともあれ、アナトリアは多言語環境にあったのである。

アッシリア商人が記した都市国家の社会

アッシリア商人がキュルテペに残した数万枚の楔形文字粘土板のほとんどは、商業取引に関わる文書なのだが、なかには借金返済に関わる訴訟、離婚調停に関する記録や、カネシュ王に関税を徴収されるのを嫌い密貿易や脱税を指示した記録などが赤裸々に語られているものもある。ここに当時のアッシリア居留民の社会を垣間見ることができるだろう。

「イルラの息子がプシュケーンに密輸品を送ったところ、宮廷によってその密輸品は押収され、プシュケーンは逮捕されて牢獄で日を過ごす破目に陥ってしまいました。見張りは厳重です。ルフサッディヤ市やフラマ、シャラシュワ、それに彼女自身の故国に向けて領主の奥方が手紙でこの密輸事件のことを通報したので、今では哨所《しょうしょ》が設けられています。どうか何も密輸品を送らないで欲しい。あなたがティミルキヤにおいでになるのであれば、国境を越えて持ち込もうとしているあなたの隕鉄《いんてつ》をティミルキヤのどこか安全な家に置き去りにして下さい。（中略）

しかしもし誰かが（中略）『私に錫《すず》か布地をくれるならば、私はそれを密輸してあげますよ。私にはその手配が出来るのです』と、このようにあなたを説き伏せようとしても、そんなことに耳を貸してはいけません。そこには罠があなたを待ち受けているのですから」

（五味亨氏による和訳：キュルテペ出土のプズルアッシュル宛書簡）

出典：『古代オリエント商人の世界』ホルスト・クレンゲル著、江上波夫／五味 亨訳（山川出版社）

「クタヌ布二〇個、アッカド織四個。以上は私の所有物。イシムスィーンのクタヌ布五個。以上全てを、イリーアルムが出発した時、密輸した。錫一ビルトゥ（＝約三〇kg）と一〇マヌー、クタヌ布五個。これは私の所有物。錫二〇マヌー（＝約一〇kg）と織物六個。これはイシムスィーンの所有物。後者が彼自身の隊商を利用して密輸した」

（五味亨氏による和訳：キュルテペ出土の密輸の指示書）

「ガルア、アカブスィの息子が、シュベルムの娘タムナニカと結婚した。もしガルアが彼女を離婚したら、彼は彼女に銀二ミナを払うべし。そしてもしタムナニカが彼を離婚したら、彼女は彼に銀二ミナを支払うべし。ヌヌ、アタ、アシュルラビ、アラフムの立ち会いにおいて。彼（ガルア）は彼女を虐げてはならない」

（※右の内容を記した粘土板文書を入れた粘土の封筒に、以下を記載）

「エキアの息子ヌヌの印章、アラフムの印章、トゥトピアラの息子アタの印章、アタティアの息子アシュルラビの印章、アカブスィの息子ガルアの印章。（以上は捺印への添書）アカブスィの息子ガルアはシュベルムの娘タムナニカと結婚した。ガルアが彼女を離婚したら、彼は銀二ミナを彼女に支払う。彼は彼女を捨ててはならない。

そしてもしタムナニカが彼を離婚したら、彼女は彼に銀二ミナを支払わなくてはならない」

（キュルテペ出土の婚姻文書の要約）

とりわけ重要なのは、現地アナトリアの政治情勢に関わる報告類で、都市国家が分立し互いに抗争していた当時のアナトリアの政治状況を説明してくれる。結論からいえば、ヒッタイト帝国はこうした都市国家群の中から成立したようである。

アッシリア商人の文字史料によれば、カネシュではフルメリ、イナル、ワルシャマ、ピトハナ、アニッタといった、歴代の王の名が伝わっている。こうした王は様々な役職名（現代風にいえば、官房長官、財務大臣、経済産業大臣、農務大臣、外務大臣に相当する役職）を持った多くの臣下を従えており、独自の文字はなくとも、かなり複雑な行政機構があったことを窺《うかが》わせる。

このうちのピトハナとアニッタの親子こそが、のちのヒッタイト時代に、ヒッタイト帝国の遠祖と崇《あが》められていたようだ。ピトハナは元々クッシャラという別の町（所在地不明）の王だったが、カネシュを夜襲で征服してワルシャマを倒し、これを占領した。その跡を継いだアニッタ（紀元前一七三〇年頃）は、カネシュを根拠としてさらに征服を続け、「赤い河」に囲まれた中央アナトリア全域（のちにヒッタイト帝国の中核となる地域）をほぼ統一し、「大王」を名乗ったという。少し長いが、その一部を引用する。

「アニッタ、ピトハナの息子、クッシャラの王は告げる。空の天候神にとって彼は良き者であった。

（ピトハナは）……ネシャを夜襲により征服した。ネシャの王を捕らえたが、その住民には害をなさず、父母のように（？）接した。

……（ピトハナの死後反乱が起きたが）、我は同年に反乱を鎮圧した。太陽（神）の加護により反乱してきた国々を、我は全て破った。

……ウラマ……その後ハッティの王は……テシュマを攻めた。……ネシャへと……ハルキウナの町を昼に…の町を夜に制圧した。……の町を昼に……。これら（の町）をネシャの天候神に捧げた。そして天候神に……我々は再び……我より後に王となる者でありながら［ウラマ、テネン］タ、ハルキウナに民を住まわせようとする者は、ネシャの［……の］敵であれ。そして全国土にとっての敵であれ。ライオンのごとく国を……。

……これらの言葉を板に刻み、門に［……］。以後［この板］を破壊する者の無きよう。それを破壊する者はネシャの天候神の敵であれ。

二度もハッティの王ピユシティは（刃向かって）来た。かの者が援軍として連れていた者たちをシャランパの町で［鎮圧した］。

全ての国々はザルプワから、海から……かつてツァルプワの王ウフナは我らのネシャの神（像）をザルプワに持ち去っていたが、その後大王であるアニッタが神（像）をザルプワから再びネシャへと取り返した。ツァルプワの王フッジヤを生け捕りにし、ネシャへと連れ帰った。ピ[ユシティは]ハットゥッシャの町を強固にした。そして我は（そこを）放っておいた。しかし後に飢饉が起き、かの（町の）神はハルマッシュイト神を運び出した。我は夜襲で征服し、そこに雑草を生やした。

我より後に王となり、ハットゥッシャを再興しようとする者は天空の天候神が打ち倒さんことを！……。

そして我はネシャに城壁を築いた。天の天候神の家（※神殿）と我々の神の家を建てた。ハルマッシュイト神の家、我が主である天候神の家、そして我々の神の家を建てた。持ち帰った戦利品をもって満たした。

余は誓いを立て、そして[……]同日に二頭のライオン、七十頭のイノシシ、六十頭の豚、百二十頭の動物：ヒョウ、ライオン、シカ、ヤギ[……]。そして我が町であるネシャへと持ち帰った。

[……]の年、我はサティワラでの戦場へと繰り出した。サラティワラの領主はその息子たちとともに反乱をし、（中略）フランナ川に陣取った。

ネシャ軍はその後ろに回り、かの町を焼き討ちにした。町の包囲：千四百の歩兵（と？）四十の馬車（により行われた）。銀と金を持ってそこを去った。

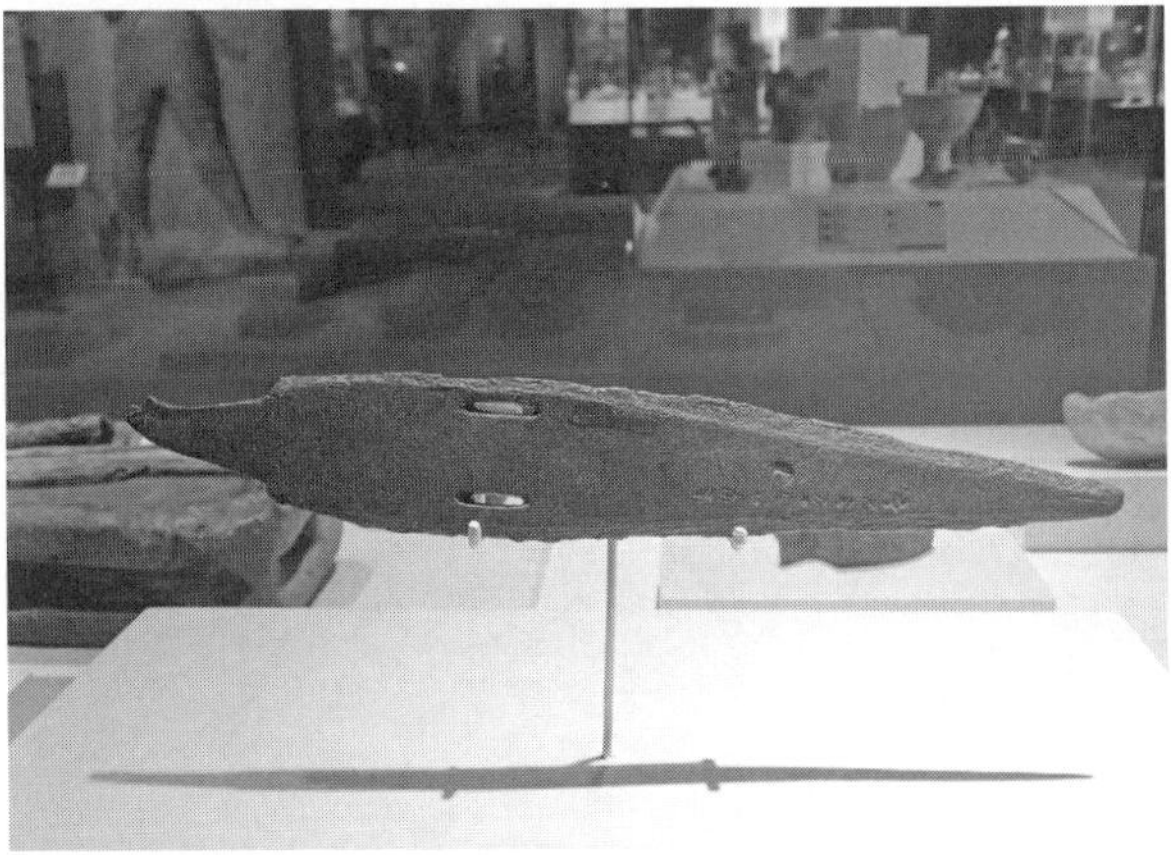

アニッタ王銘入り槍先（キュルテペ出土：アナトリア文明博物館）

形象土器（キュルテペ出土：アナトリア文明博物館）

「アニッタの功業」文書（イスタンブル考古学博物館）

我が［……へと］出陣すると、プルシャハンダの者は贈り物をしてきた。鉄の玉座と鉄の笏《しゃく》を贈ってきた。我がネシャに戻る際、プルシュハンダの領主を伴った。もし彼が部屋に入るときは、かの者は我が前の右側に座るであろう」

（北住智樹氏による和訳：「アニッタの功業」文書より）

キュルテペからは、アニッタが戦勝を感謝して天候神に奉納したとの銘文が刻まれた青銅製槍先《やりさき》が出土しているので、実在の人物であるといってよいだろう。カネシュ（ネシャ）を本拠地としていたというのも、のちのヒッタイト人が自分たちの言語を「ネシャ語」と呼んでいたことと合致する。

しかし、この記述は「アニッタ文書」という、数百年後の古ヒッタイト時代（紀元前十六世紀）のヒッタイト語粘土板文書に記載されているのだが、その粘土板自体はアニッタの同時代に書かれたものではなく、ヒッタイト人がそう信じていたということを証《しょう》するのみである。さらには、キュルテペ出土のアッシリア商人による粘土板文書によれば、カネシュを支配したアニッタの死後、カネシュの王となったのは、元々はアラフジナという別の町の王だったズズという人物であったという記録があり、アニッタの息子はカネシュ王にはなっていない。これは、アニッタによる領域国家が、直線的にヒッタイト帝国の成立には結びつかなかったことを示している。そもそもアニッタが「ヒッタイト語」を話す「ヒッタイト人」であったかどうかさえ、同時代の史料からは断定できない。カネシュの町も、カールム時代の終焉と共に衰退し、重要性は低下していった。

アニッタからヒッタイト帝国成立までの、およそ一〇〇年間の中央アナトリアの歴史は、アッシリア商人が紀元前一七〇〇年頃を最後にアナトリアに来なくなってしまったために同時代の文字史料がなく、謎に包まれている。アッシリア商人が来なくなった理由ははっきりしないが、この時期の中央アナトリアの都市遺跡のほとんどから、攻撃によるものと思われる火災層が発見されており、戦乱を嫌ったためかもしれない。

なお、土器などの考古学の資料を見る限り、紀元前十八世紀までのカールム時代と、次の古ヒッタイト時代との間に大きな断絶は見られないため、カールム時代の都市国家群の文化がほぼそのままヒッタイト帝国時代へと繋《つな》がっていることは間違いなかろう。

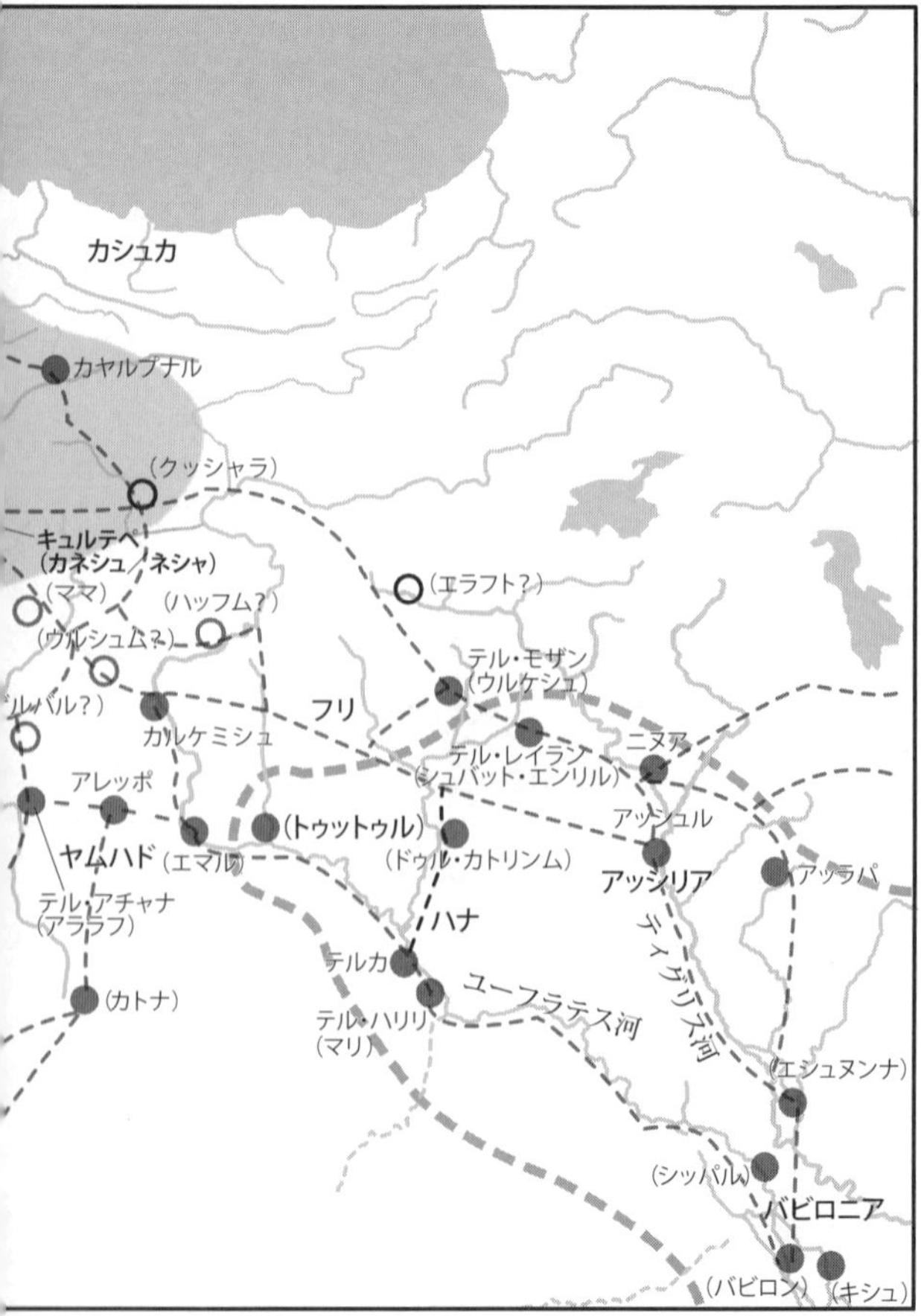

交易路
● 都市遺跡（括弧内は当時の名称）
○ 位置が不明な都市

ヒッタイト成立期地図

黒海
イキズテペ（ザルパ?）
赤い河
アラジャホユック
ボアズキョイ（ハットゥッシャ）
ヒサルルク
（トロイア？）
アスワ
アリシャル・
ヒュユック
（アンクワ?）
ビュクリュカレ
カマン・カレホユック
ヤッスホユック
ネナッサ
アジェムホユック
（プルシュハンダ）
ウラマ
アルザワ
ベイジェスルタン
ワフシュシャナ
コンヤ・カラホユック
タルスス
ラス・シャムラ
（ウガリット）
キプロス島
地中海
（ビブロス）
ハツォル
アニッタの版図（想定）
ハンムラビ（バビロン第一王朝）の最大勢力範囲

第二章　ヒッタイト帝国の建国：古ヒッタイト時代

シリアまで従えたハットゥシリ一世

ヒッタイト帝国の初代の王は、紀元前十七世紀頃のラバルナという人物であったと伝えられている。ただし、後代の王ハットゥシリ一世やテリピヌによる粘土板文書での言及に登場するのみで、ラバルナ自身による史料はなく、不明なことが多い初代王である。しかし、のちのち歴代のヒッタイト王は、「大王」を意味する称号として、ラバルナが変化した「タバルナ」を名乗るため（個人名だったカエサルが、後世に「皇帝」を意味する称号として使われるのと似ている）、ヒッタイト帝国の太祖と認識されていたのは間違いない（ただし紀元前十四世紀以降の「帝国期」（新王国時代）には、「タバルナ」の称号は使われなくなり、「我が太陽」という称号が一般的になる）。歴代の大王妃も、ラバルナの妃タワナンナの名を称号とした。数代後の王テリピヌによる記述によれば、ラバルナは「海までを征服した」という。この海とは、黒海のことだと思われる。

ヒッタイト王統に関する系図

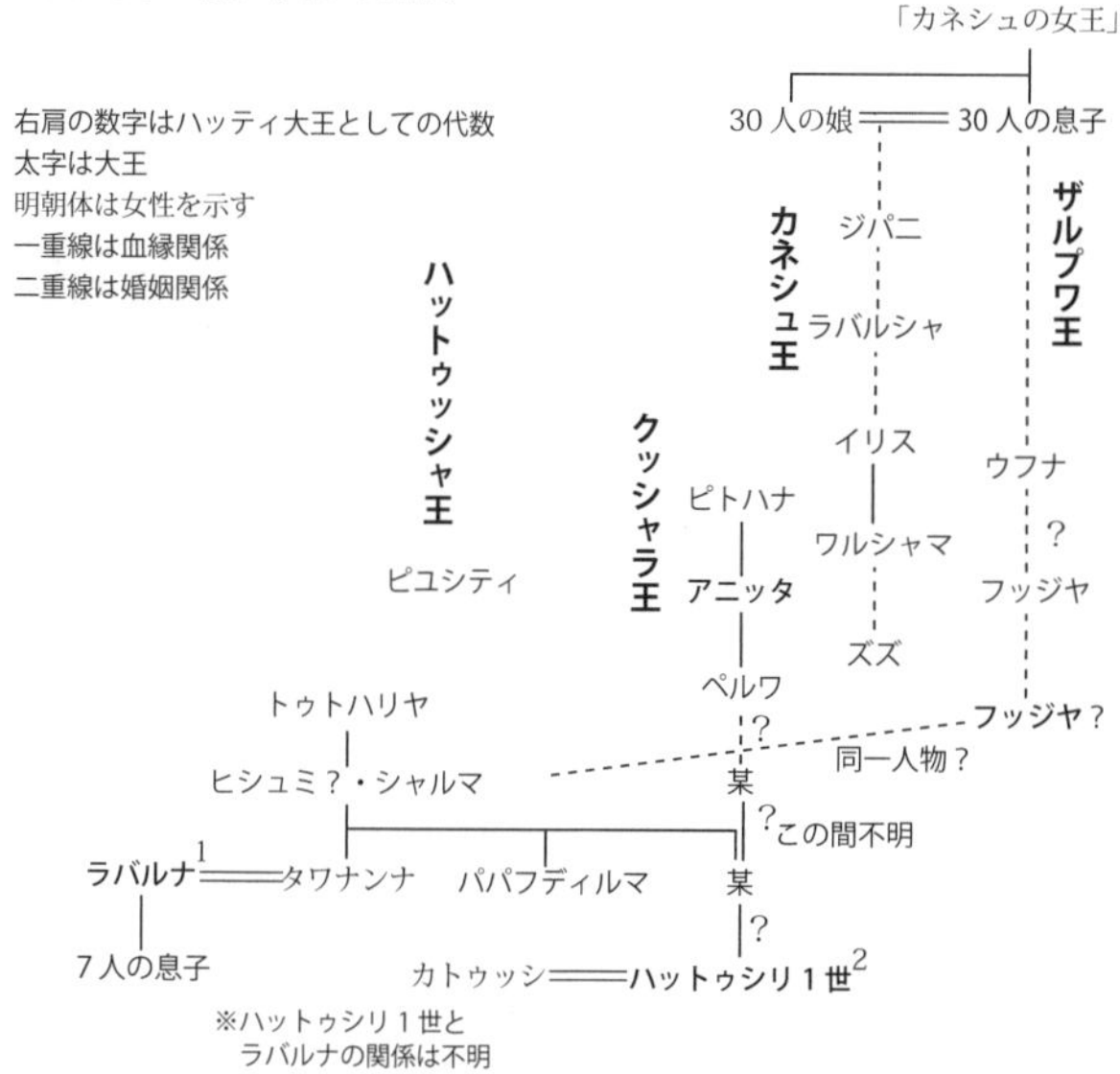

「大王、タバルナであるテリピヌはこのように告げる。かつてラバルナが大王であった。その息子たち、係累たち、兵士たちが集まった。国は小さかった。しかし攻め込んだ全てをその強い腕で破った。国々や敵を従えた。その領域を海まで広げ境界とした。遠征から戻ると、息子たちを各々国内に配置した。……彼らは町を治め、大なる都市は彼らの手中にあった」

（北住智樹氏による和訳：「テリピヌ勅令」より）

一方、次のハットゥシリ一世は、

広大なボアズキョイの遺跡

実質的なヒッタイト帝国の初代王といえる。ハットゥシリは元々クッシャラ（既出。所在地不明）を都としていたが、ハットゥッシャ（ボアズキョイ遺跡）に遷都して自らの名を「ハットゥッシャの人」を意味するハットゥシリに変えたという。奇妙なことに、ハットゥッシャは先述の「アニッタ文書」の中ではアニッタにより破壊され、「後々再興しないように」と呪いまでかけられている町である。さらに、ラバルナ自身の「七人の息子たち」を差し置いて跡を継いだハットゥシリは、先王ラバルナの「王妃（タワナンナ）の兄弟の息子」という血縁的にあまり近しいとは思えない関係であると、自ら述べている。これについては諸説があり、なかには歴代のヒッタイトの王妃の権力の大きさに注目して、（特に初期の）ヒッタイトの王権は女系原理による相続であったとする説もある。

最近イタリアの学者により提出された新説に、ヒッタイト帝国は複数の都市国家連合として出発し、婚姻で結びついた二つの王統（ザルプワ・ハットゥッシャの北方連合と、クッシャラ・カネシュの南方連合）が、互いに王位を交代しながら代替わりすることが取り決められていた、というものがある。つまり、互いに次王を王妃の係累から出すことで、王位に交互に就くという制度である（日本の鎌倉時代末期における、皇室の持明院統と大覚寺統の両統迭立《りょうとうてつりつ》を想起されたい）。アニッタとラバルナという、どちらが本当の始祖なのかはっきりしない建国伝承や、後述するヒッタイト王位をめぐる義兄弟や娘婿による簒奪《さんだつ》が頻発したことを説明するのには、適した説といえよう。この説に従えば、南方のクッシャラ出身のハットゥシリが、都を北方のハットゥッシャに移したのは、北方派との政治的妥協の産物だったという説明ができる（カールム時代の中心都市だったカネシュは、どこかの時点で滅ぼされてしまったらしく、ヒッタイト帝国時代には姿を消す）。

ともあれ、ハットゥシリ一世は有能な人物だったようで、ハットゥッシャに遷都したのち、一代で中央アナトリアを統一したのみならず、古代オリエント世界全体の交易の要衝だった南方のシリアに進出し、アララフの町（トルコ南部の遺跡テル・アチャナ）を破壊した。一時は西方へ遠征した隙をフリ人に突かれて危機に陥ったものの挽回し、ユーフラテス河を渡ってシリアの都市国家を次々に従えたという。

「大王タバルナは王としてハッティ国に君臨した。(彼は)タワナンナの兄弟の息子であった。余はシャフイッタに侵攻した。その町を破壊することはしなかったが、その周囲を荒地にした。余は軍を二カ所に分け、手中に収めたものは分け与えた。余はツァッパルに侵攻し、そして破壊した。その町の神々(の像)とマッヤルトゥ(戦車)三両をアリンナの太陽の女神に捧げた。銀の牛を運び出して天候神の神殿に、そして九体の神(像)をメッツッラの神殿に運んだ。

翌年アララフに侵攻し、これを破壊した。……その後はアルザワへ行った。そこから牛や羊を奪った。しかし背後からハニガルバト(※フリ人)が余の国を襲撃した。全ての国が余に対して敵意を向けるようになった。ハットゥッシャのみが唯一残った。

……翌年余はツァルンティへ行き、ツァルンティを破壊した。ハッスへ向かうと、余に立ち向かってきた。ハラプの軍もそこにいた。アダルルの山中で、余は彼らを破った。幾日かの後、大王は獅子のようにプラン川(※ユーフラテス河)を渡った。まさに獅子のごとくハッスを征服し、ハッティを戦利品で満たした。金と銀は尽きることが無かった。アルマルクの主である天候神、ハラプの主である天候神、アッラトゥ、アダルル、レルリ、銀の牛(の像)二つ、十三の銀と金の像、二つの[……]。神殿の裏側の壁を金で装飾し、そして扉と机も金で装飾した。

大王、タバルナはツィッパスナに向かい、獅子のようにハッフの町に対峙した。ツィッパスナを破壊した。そこの神々（の像）をアリンナの太陽の女神へともたらした。……何者もプラン川を越えたことはなかった。しかし大王タバルナは己が足で渡った。軍もそれに続き自らの足でそこを渡った。（かつて）サルゴン（※アッカド王）はそこを渡り、ハッフの軍を［連れ］去ったが、ハッフの町には何もしなかった。火を付けることも、天候神に煙を見せることもなかった。しかし大王、タバルナはハッスの王（と）ハッフの王を破り、（町に）火を投じ、天の太陽神と天候神に煙を見させ、ハッフの王を車へと縛り付けた」

（北住智樹氏による和訳：「ハットゥシリ一世の年代記」より）

後継者問題で苦労するヒッタイトの王たち

ところが、ハットゥシリは家庭的には不幸な人物だったらしく、後継者に指名した息子や娘たちに裏切られ、結局王位は孫のムルシリ一世に継がせることになった。「ハットゥシリ一世の政治的遺言」という文書には、孫のムルシリに対して、息子や娘のようにならぬよう、自分の言葉をよく聞いて「パンを食べ、（酒ではなく）水を飲み（酒色に耽《ふけ》るなという戒め）、臣下の言葉をよく聞いて慈悲深く治めよ」と切々と諭している。建国の英雄といいな

「ハットゥシリ1世の年代記」文書（アナトリア文明博物館）

がら、家族の問題は今も昔も変わらないようである。

「余の家族は誰も余の意に従わなかった。そなたは余の子である、ムルシリよ！……余の言葉に従え！父の言を尊重せよ。父の言葉に従うならば、パンを食べ、水を飲め！そなたの心に成熟さがあるならば、日に二度三度食を取り、身体を維持せよ。そなたの心に老いがあるならば、酒を飲み父の言葉を忘れよ。

そなたらは余に最も近い臣下である。余の言葉、王の言を尊重せよ。パンを食べ、水を飲め（nu NINDA-an azzašteni wātarra ekutteni）。さればハットゥッシャは存続し、国は栄える。王の言を軽んじれば、そなたらは長生きできず、滅ぶこととなろう。（中略）

そなたらは余、ラバルナ、大王の言葉を聞け。これを守るのであればハットゥッシャは栄え、国は栄える。そなたらはパンを食べ、水を飲む。余が言を守らなければ、そなたらの国は他の者に属すこととなる。神々の言葉に敬意あるように！厚いパン、酒、料理、穀物を備えよ。大王、ラバルナはムルシリに告げた。『余の言葉を与えた。毎月常にこの粘土板を汝の前で読ませよ。余の言と余の知恵を心に刻め。余の従者たちと臣下たちを慈悲をもって治めよ。もし何者かの罪業を見たり、神に冒涜《ぼうとく》をなしたり、誰かが何か言うことがあれば、議会（※パンク＝王の諮問機関）に諮《はか》れ。余が息子よ、その心にあることを為せ』

大王、ラバルナはハシュタヤルに告げた。『余を拒むことなかれ！…余をよく清め、その胸で受け止め、大地から守りたまえ！』」

（北住智樹氏による和訳：「ハットゥシリ一世の政治的遺言」より）

若くして跡を継いだムルシリ一世は、祖父のシリア征服事業を引き継ぎ、祖父が果たせなかったアレッポ攻略を成し遂げた。さらに彼は長駆《ちょうく》メソポタミアの中心都市バビロンへ遠征する。アナトリアからは一〇〇〇km以上も離れた大遠征だったが、ユーフラテス河沿いに南下してこれを見事成功させ、バビロン第一王朝（「ハンムラビ法典」で有名なハンムラビ王の子孫の王朝）を滅ぼした。しかし本拠地からはあまりに遠かったため、支配を維持することなくすぐに引き揚げ、さらにフリ人に帰路を脅かされたという。

なお、この大遠征が行われた年代については、メソポタミア側の天文観測記録や王の治世

古ヒッタイト時代のヒッタイト王の系図

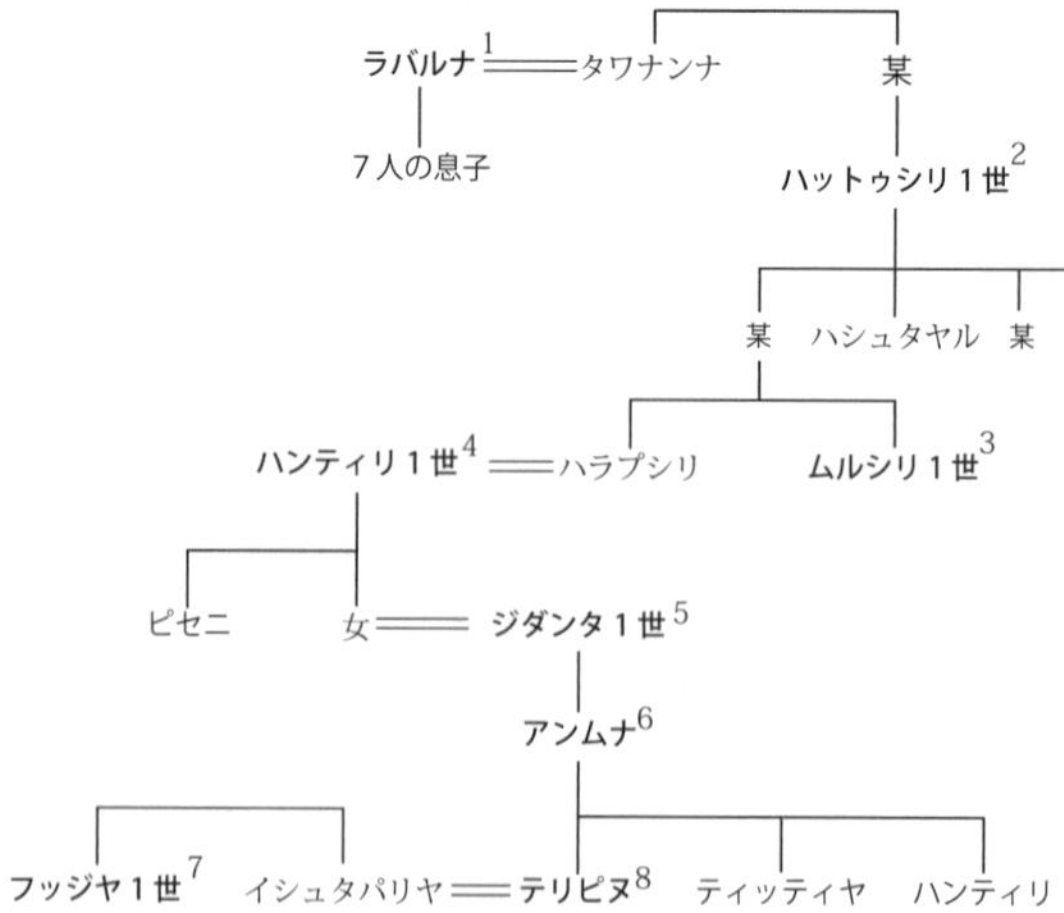

太字はヒッタイト王、明朝体は女性を示す。右肩の数字は大王としての代数

記録に基づき、紀元前一五九五年とする説と、紀元前一五三一年とする説が有力である。一方ヒッタイト側の記録は、一般に年代に関する言及が乏しく、王の業績録（伝記）も「○△王の在位○×年目」とは書かず、「次の年、……」「次の年、……」という体裁で語られるので、文字史料から絶対年代を算出することを難しくしている。このムルシリの大遠征についても、ヒッタイト側からはのちの王テリピヌ時代の粘土板文書に簡潔に紹介されたものしか発見されていない。

「ムルシリがハットゥッシャに君臨している間、その息子たち、兄弟、系累、兵士たちが集まり、その強い腕で敵国を破った。国土を海まで広げた。ついでハルパ（※アレッポ）に遠征し、焦土とし破った。ハルパの捕虜や戦利品がハットゥッシャに運ばれた。ついでバビロンに遠征し、これを焦土とし破った。またフリ人を攻め、捕虜と戦利品をバビロンからハットゥッシャに運んだ」

（北住智樹氏による和訳：「テリピヌ勅令」より）

ところが、ハットゥッシャに戻ったムルシリは、姉妹ハラプシリの夫で側近（献酌官《けんしやくかん》）であるハンティリに殺され、王位を奪われてしまった。いくら義兄弟とはいえ王を殺した人物がそのまま玉座に居座れるというのは異様というよりほかないが、先述の通り、ヒッタイトでは王の娘婿、義兄弟（姉妹婿）は、十分王位を継ぐ資格があるという通念があったことも窺《うかが》わせる。

実際、同様の簒奪がこの後繰り返され、ヒッタイトの王権は不安定なものであった。ハンティリ一世は息子もろとも娘婿のジダンタに殺されて王位を奪われ、そのジダンタ一世は実の息子アンムナに殺されて王位を奪われた。そのアンムナの死後、息子たちのほとんどはおそらく姻族関係にあったフッジヤに殺され、王位を奪われた。しかし、フッジヤの義理の兄弟で、おそらくアンムナの息子の一人であったテリピヌは、クーデターを起こしてフッジヤを退位させ、自ら王位に就いた（テリピヌ自身も義兄弟から王位を継いだことになる）。

以上のラバルナの即位からテリピヌ自身の即位までの顚末《てんまつ》は、「テリピヌ勅令」という文書に記載されている。この勅令で、テリピヌはこれまでの王位をめぐる混乱を繰り返さないよう、王位継承は王妃の息子（嫡出《ちやくしゆつ》の王子）が男系原理で継承すべきこと、嫡出の王子がいない場合は非嫡出の王子、それもいなければ嫡出の王女の婿《むこ》を次の王にすべきという原則を定め、都ハットゥッシャに招集したパンク（総会）に示した。

「今後ハットゥッシャにおいて何者も王家の子供に危害を加えたり、刃《は》を突きつけたりしてはならない。王は正室の息子である王子がなるべきである。もし王子が正室にいなければ、側室の者を取り、そしてその者が王となれ。もし王子となりうる息子もいなければ、正室の娘の婿を取り、そしてその者が王となれ。将来、余の後に王となる者は、兄弟、息子たち、義理の息子たち、血縁の者たち、そして軍を集わせよ。そうして敵の国々を力によって打ち負かすことであろう」

（北住智樹氏による和訳：「テリピヌ勅令」より）

もっとも、この勅令が定着するのはしばらく後の時代のことであり、テリピヌ自身の息子も既に暗殺されていた。その他、このテリピヌ勅令では、こうした王族内の殺人について、犯人を死刑ではなくトゥリア（元老院）での裁判にかけて量刑を決定することも定めている。テリピヌの兄弟を殺したフッジヤも助命するようテリピヌは命じたが、側近たちが勝手に殺してしまったという（もっとも、この記述はテリピヌの言い訳かもしれないが）。

安定した生産体制維持のための設備

王位をめぐる争いや度重なる不作で、ヒッタイト帝国は弱体化していたというが、テリピヌは王国を立て直す様々な施策を講じている。その施策を支える官僚機構も整備したようで、ヒッタイト帝国ではバビロニア式の楔形文字表記が導入され（導入時期についてはもっと早い時期の可能性もある）、「土地賦与《ふよ》文書」と呼ばれる大量の粘土板文書が残されるようになった。

その他、テリピヌは都市に対する水や穀物の供給に尽力し、年貢《ねんぐ》をごまかした農民への死刑を定めて食糧増産に努め、また財産の分割相続を制限して農民の零細化を防ごうとした。刑法の整備や裁判所（宮殿の門）の設置も行っている。また国内各地六〇か所以上に「封印の家」と呼ばれる国庫、そして「混ぜ餌の封印の家」と呼ばれる施設（駅伝施設か？）三四か所を設置したと伝わる。考古学調査の成果と突き合わせてみると、紀元前十六世紀後半には、都ハットゥッシャ（ボアズキョイ遺跡）が、従来のほぼ倍の面積（一八〇ha）に拡充され、

ボアズキョイの南端にある堅固な城塁。紀元前16世紀後半に建設された

巨大な穀物貯蔵庫が置かれたことが判明している。また同時期にクシャックル（古代名サリッサ）やアラジャホユック、カマン・カレホユックなど、ヒッタイト国内の各地方都市にも、貯水池や地下穀物貯蔵穴が建設されたらしい。前述の通りヒッタイトの歴史は絶対年代を決めるのが難しいため、全てがテリピヌの治世に行われたかどうかは断定できないのだが、これら一連の建設事業が、文字史料が示す通り、テリピヌの治世に行われた可能性は高い。年ごとに不安定な降水量に依存する天水農耕が行われていたアナトリアにおいて、安定した生産体制を維持し、また不作の際の備えとして、貯水池、ダム、穀物貯蔵施設を各地に建設し、中央集権的に管理しようとしたのであろう。

外交面では、シリアからすっかり後退してしま

アラジャホユックの近くに建設された、ヒッタイト時代のダム

ったヒッタイトの国威を取り戻すべく、南方（現在のトルコ南部・キリキア地方）にあってヒッタイトから独立していたキズワトナ国の王イシュプタフシュとテリピヌはほぼ対等の条約を結び、シリア進出への足掛かりとした。王同士の個人的な条約締結による相互保証体制が、ヒッタイト外交の基本であった。

テリピヌの治世を以て、「古ヒッタイト」時代の終わりとされているが、続く「中期ヒッタイト」時代にも、前述の通り王位をめぐる内紛は続き、さらに強力な外敵の脅威にさらされる。ヒッタイトが古代オリエントの大国となるのはまだまだ先のことである。

ハットゥシリ1世により獲得されたヒッタイト帝国の領土

ヒッタイト古王国地図（紀元前1650年～1500年頃）

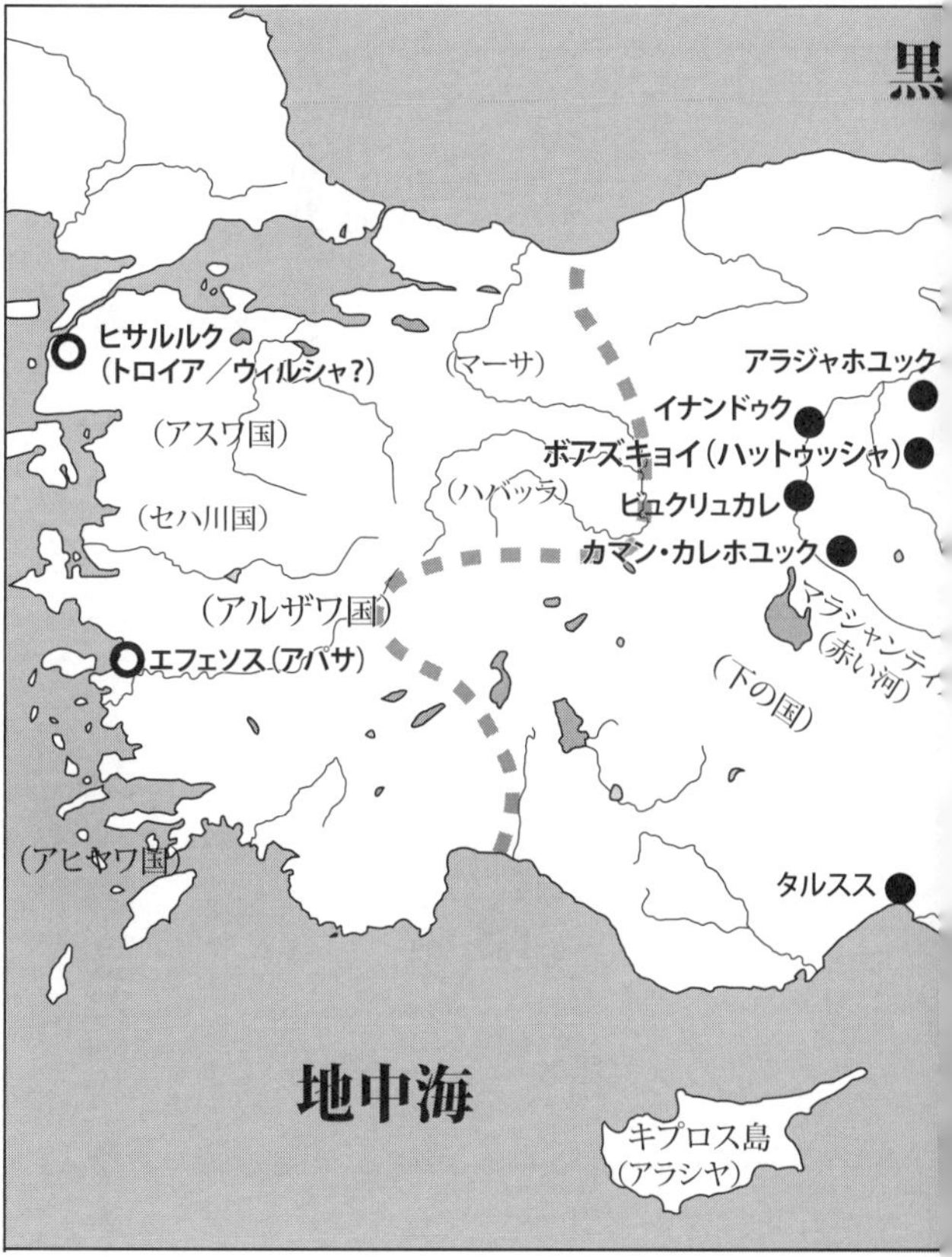

● ヒッタイト帝国の都市遺跡
（括弧内は当時の名称）
○ 同時期の遺跡

第三章　ヒッタイト帝国の混乱：中期ヒッタイト時代

王位をめぐる混乱とミタンニ国

テリピヌ（紀元前十六世紀末）のあとからシュッピルリウマ一世（紀元前十四世紀半ば）までのおよそ一五〇年間を、中期ヒッタイト時代と呼ぶ。以前はヒッタイト帝国の時代約四〇〇年間を、後述するトゥトハリヤ一世（紀元前一四〇〇年頃）の前後で、古王国と新王国（帝国期）の二時期に区分することが一般的だったが、近年はヒッタイト語楔形文字の表記の変化などに基づき、古ヒッタイト、中期ヒッタイト、ヒッタイト帝国期（新王国時代）という三時期に区分することが多くなっている。本書ではこの三時期区分に従うことにする。

中期ヒッタイト時代は、トゥトハリヤ一世の治世を除いて、ヒッタイト帝国にとっては内憂外患の苦難の時期であった。そのためか、残されている粘土板文書も決して多くはなく、王の即位順序すらはっきりしない時期もある。内憂とは古ヒッタイト時代から繰り返される王位をめぐる争いや、天候不順による不作であり、外患とはヒッタイト帝国の南方にいたフリ人（ミタンニ王国）、北方にいたカシュカ族であった。

　フリ人はシリア北部にミタンニ王国を建て、その都はワシュカンニ（所在地不明）であった。同国は西アジアの東西を貫通する交易路が通るシリアを押さえて経済的に栄え、またこの時代の新兵器である戦車（チャリオット）の扱いにも長《た》け、軍事力も優れていたらしい。ボアズキョイからは戦車を牽《ひ》かせる馬の調教マニュアルが出土しているが、その文書に登場する馬の調教師キックリは、ミタンニ国の出身である。なお古代オリエント最古の大国であるエジプトでさえ、戦車の威力にはかなわなかったらしく、ヒッタイト帝国の建国期と同時期には国土の北半分を、戦車を使っていたヒクソス（異国の支配者）に支配されていた。ヒッタイト古王国時代の末期に、ヒクソスを撃退したイアフメスによりエジプト再統一がなされ、第十八王朝が成立した。

キックリによる馬調教マニュアル（イスタンブル考古学博物館）

　一方、アナトリア最北部（黒海沿岸）の山岳地域に住んでいたカシュカ族は、都市や統

中期ヒッタイト時代のヒッタイト王の系図

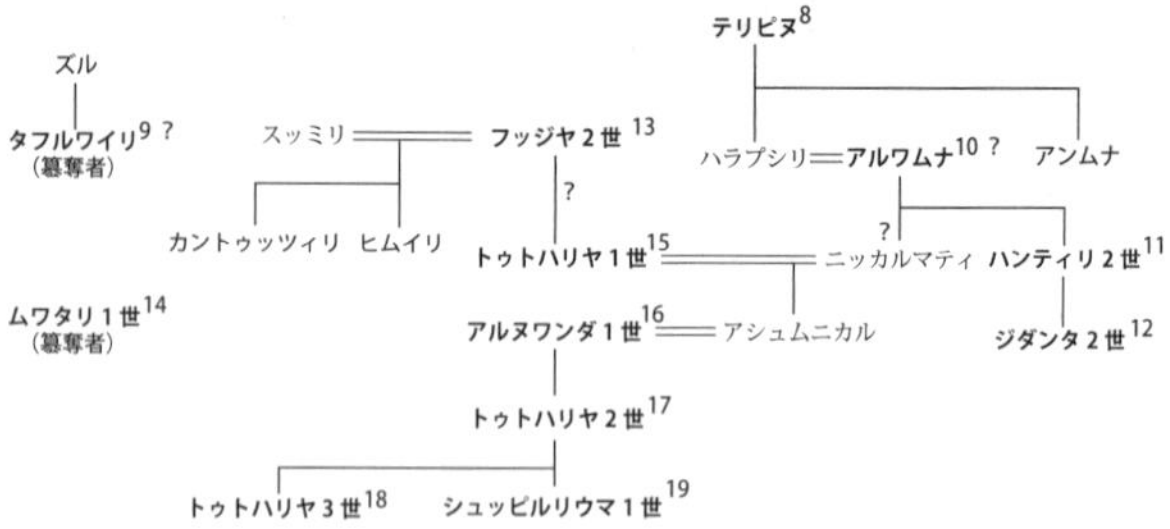

太字はヒッタイト王、明朝体は女性を示す。右肩の数字は大王としての代数

一国家というものを持たず、ヒッタイト人からは蛮族扱いされていたが、一種のゲリラ戦でヒッタイト帝国を悩まし、長らくヒッタイト帝国にとって最大の脅威となり続けた。

中王国時代の史料の少なさや混乱を反映してか、テリピヌの次の王が誰だったか、即位順序がはっきりしない。候補の一人はタフルワイリだが、この人物は「テリピヌ勅令」の中で言及される「黄金の槍持ち」(近衛兵)という役職についていた同名人物と同一の可能性がある。だとすればテリピヌの父アンムナの死後、テリピヌの兄弟ティッティヤの殺害によるフッジヤの王位簒奪を支持し、のちに王位を奪ったテリピヌの指示により、王族殺しの罪による死刑を免れ、平民に身をやつしていた人物ということになる。

もう一人の候補は、テリピヌの娘婿であるアルワムナである。テリピヌの実の息子は暗殺されており、他に後継者候補はいなかった。仮にタフルワイリが先に即位していたとすれば、その間正統な後継者であるアルワムナは亡命していた可能性がある。タフルワイリが後だとすれば、正当な後継者を排除した簒奪が再び行われたことになる。どちらにせよ、テリピヌ勅令が規定した、男系男子による王位相続はすぐには実現されなかったわけである。

次の王はハンティリ二世であるが、この人物はアルワムナが発給した土地賦与文書に登場する同名の王子と同一の可能性があり、だとすれば父子による正常な王位相続が行われた最初の例ということになる（第六代の王アンムナは父ジダンタ一世を殺して王位に就いており、またアンムナの子テリピヌも王位に就いたが、父子連続した王位継承ではない）。後世の文書によれば、ハンティリの治世では、カシュカ族の攻撃でヒッタイト帝国の北部にあった「聖なる都市ネリク」（現在のオイマアアチ遺跡に同定されている）が破壊され、その脅威が増大しつつあった。この王は王妃の名が伝わっておらず、その治世の全期間のタワナンナ（大女王）としてアルワムナの妃（皇太后にあたる）であるハラプシリが君臨していた。

次の王ジダンタ二世は先代ハンティリ二世の息子で、この王がキズワトナ国王ピリヤと結んだ条約文書が発見されている。このピリヤは北シリアにあったアララフ（かつてハットゥシリ一世が破壊した都市）の王イドリミとも条約を結んでおり、イドリミはエジプト第十八

テル・アチャナで出土したアララフ王イドリミの像（大英博物館）

王朝の王トトメス三世や、メソポタミアの史料との同時代性から、紀元前十五世紀前半の人物ということが判明する。絶対年代の記録が乏しいヒッタイトについても、この同時代性を辿っていくと、ジダンタ二世は紀元前十五世紀前半の人物という推測が成り立つ。

当時北シリアを支配していたのはフリ人の国ミタンニで、イドリミもミタンニ王国に属していたが、この頃ミタンニはトトメス三世によるシリア遠征（ユーフラテス河まで進撃したという）で一時的に弱体化していた。ミタンニの影響下にあったキズワトナ国がヒッタイト優位の条約を結んだのには、こうした国際情勢も影響していたらしい。こうしてジダンタ二世はピリヤとの条約で優位に立ち、キズワトナ国に奪われていた土地の返還や、破壊された都市の再建を定めている。

ジダンタ二世の跡はフッジヤ二世が継いだが、この王は高官ムワタリに王位を簒奪されてしまった。ムワタリ一世は有力貴族の歓心を得るためか、多くの土地賦与文書を残しているが、結局は護衛隊長ムワーの陰謀により、先王の王子たち（ヒムイリおよびカントゥッツィリ）に、王妃ともども殺害されてしまった。

キズワトナ国を保護国化したトゥトハリヤ一世

ムワタリ一世の死後に王位に就いたのが、ヒッタイト帝国中興の祖となるトゥトハリヤ一世である。「父の玉座に登った」と述べているので、おそらくはフッジヤ二世の王子の一人と考えられる（ただし、ムワタリ王殺害に直接関与していたとは述べられていない）。王を殺した者は法典により罪を問われたので、ムワタリ一世殺害に直接関与しなかったトゥトハリヤが王になったという説明もされるが、そもそもムワタリ一世はのちのちまで正式な王ではなく簒奪者扱いされているので、この辺りの経緯は不明というしかない。

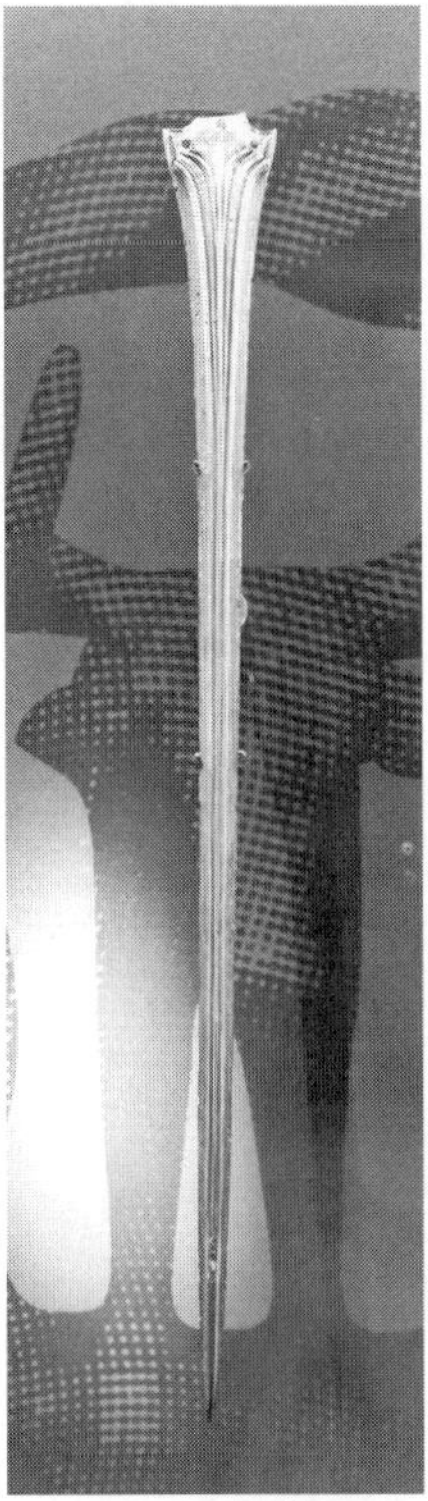
トゥトハリヤ1世銘文入り銅剣
（イスタンブル空港博物館）

トゥトハリヤ一世は即位直後から精力的に遠征を繰り返

し、特に西方で成功を収めたらしく、戦車六〇〇両、一万人以上の捕虜を連れ帰ったといわれ、ヒッタイト帝国の勢力はエーゲ海にまで及ぶことになった。以前、一般的に行われていたヒッタイト帝国時代の時代区分で、トゥトハリヤ一世の以前と以後で「古王国時代」「新王国時代（帝国期）」に分けられていた所以である。

一九八八年にハットゥッシャ（ボアズキョイ遺跡）での道路工事中に偶然発見された銅剣には、トゥトハリヤの名と共に、「アスワ（またはアシュワ）国」（トルコ西部にあった国の一つ）を討伐した際の奉納品である旨の楔形文字の銘文が刻まれていた。この銅剣はアナトリアではなく、バルカン半島やギリシャ方面で使われていた型式のものであり、トゥトハリヤ一世による西方遠征の際の戦利品であると考えられている。ちなみに、この「アスワ」という地理的名称が、古代ギリシャを経て、現在私たちが使っている「アジア」という地域名の元になったとする説もある。

さらに南方では、ミタンニ国に属していたイシュワ国を破り、ヒッタイトとミタンニの間でどっちつかずの外交姿勢を続けていたキズワトナ国王シュナッシュラと条約を結び、キズワトナ国のミタンニからの独立を支持し、キズワトナ国との相互防衛協定を結んで、事実上の保護国にすることに成功した。なおシュナッシュラはミタンニに臣従するアララフ国王ニクメパとの国境紛争を抱えていたが、ニクメパはメソポタミア側の史料により紀元前十五世紀後半の人物と判明しているので、トゥトハリヤ一世の在位年代も大体その頃と推定できる。

「いまやキズワトナの民はヒッタイトの牛となりその牛舎を選んだ。フリ人から離れ我が太陽（※トゥトハリヤ一世）との同盟に転じた。……キズワトナはその解放を喜ぶがよい。いまやハッティ国とキズワトナ国はその（服属）義務から解放された。我が太陽、朕はキズワトナの独立を回復する……フリ人はシュナッシュラを召使と呼んだ。しかし朕は本当の王にするであろう。シュナッシュラは朕の前に立ち、まみえるがよい。彼が朕の前に立てば、朕はその席を立ち、座ったままの者がいることはないであろう」

「イシュワの者共は我が太陽を恐れて逃亡しフリの国に逃げ込んだ。朕、我が太陽はフリ人に以下のように伝えた。『我がしもべを返せ！』と。しかしフリ人は我が太陽に以下のように返事を寄越した。『いいや！　これらの町はわが祖父の時代にフリ国のものとなり住み着いたのだ。彼らがのちにハッティの地に難民として逃げたのは真実だ。しかし今や牛どもはその牛舎を選び、わが国に来たのだ』と。このようにフリ人は我がしもべを朕、我が太陽に返還しなかったのだ」

（トゥトハリヤ一世とキズワトナ王シュナッシュラの条約文書より）

住民を牛、国家を牛舎に喩《たと》えているのは奇妙に見えるかもしれない。しかし、アナトリアでは太古の昔から現在に至るまで毎日のように繰り返されている、見慣れた景色である。牛は牛飼いによって群れごと村はずれにある牧草地まで追われていき、存分に草を食《は》んだあと、夕方になると村にある牛舎へ戻っていく。いかにもアナトリアらしい喩えである。

キズワトナ国の領内には多くのフリ人も住んでいたが、キズワトナ国をヒッタイト帝国に組み込んだことにより、この後ヒッタイトにもフリ系の文化（特に神々）が受け入れられることになる。トゥトハリヤの王妃の名はニッカルマティというが、これはフリ系の人名であり、ニッカルマティ自身がキズワトナ国出身であるとも考えられている。

カシュカ族の攻撃で疲弊するヒッタイト

しかし、ヒッタイト帝国の勢いは長続きしなかった。トゥトハリヤ一世の娘婿（王女アシュムニカルの夫）アルヌワンダ一世が王位を継いだが、北方のカシュカ族の攻撃に悩まされ続けた。カシュカは統一国家を持たないため、たとえカシュカ族の誰か（部族長）と和平を結んでも、別の部族に攻撃された。町を攻撃し、神殿を荒らし、住民を奴隷とし、家畜を奪うカシュカへの対応に、アルヌワンダは苦慮したらしい。アルヌワンダが国境の町や首都ハ

アルヌワンダ１世と王妃アシュムニカルの祈禱文書（イスタンブル考古学博物館）

ットゥッシャの市長に対して送った防衛や警戒の指示書も発見されている。また、帝国の南東部にあったパッフワ市の王ミタにも裏切られ、ミタと結んだイシュワ国によりヒッタイト領内のクンムフ市（古代のコンマゲネ王国の都、現在のサムサト）を攻撃されている。

なお、アルヌワンダ一世の治世から、王の印章の銘文に、ヒッタイト語楔形文字と並んで、ルウィ語象形《しょうけい》文字が併用されるようになった。ヒッタイト語と親縁関係にあるインド＝ヨーロッパ語族に属するルウィ語を話すルウィ人は、フリ人と同様にアナトリア南部のキズワトナ国内に多く住んでおり（なお前述の通り、アナトリア西部にも多く住んでいた）、フリ文化と並んで、ルウィ人の文化がヒッタイト帝国内で大きな比重を占め始めたことを示している。次のトゥトハリヤ二世の代に

歴代ヒッタイト王の印が捺された封泥（アナトリア文明博物館）

は、王はヒッタイト語名と並んでフリ語名を名乗るようになり、王妃の名もフリ系の名が多くなった。

アルヌワンダ一世の次の王トゥトハリヤ二世は彼の息子だが、情勢はさらに悪化するばかりだった。タピッガ（トルコ北部の遺跡マシャトホユック）など国境の町は次々にカシュカの攻撃で炎上し、首都ハットゥッシャも攻撃されたらしい。ヒッタイトの地方都市の遺跡であるクシャックル（古代名サリッサ）の大神殿もこの時期に炎上した形跡があり、あるいはカシュカに関係した戦乱の跡かもしれない。

同時代のエジプト王アメンヘテプ三世と、アナトリア西部にあったアルザワ国の王タルフンタルドゥがやり取りした粘土板文書（エジプトのアマルナ遺跡出土）を読むと、「ハットゥッシャは焼け

クシャックル遺跡（古代名サリッサ）の大神殿の至聖所。火災により日干レンガが真っ赤に変色している

落ち、ヒッタイトはもう終わりだ」という記述がある。ハットゥッシャを攻撃したのはカシュカだったらしい。またアルザワ国はエジプトと同盟を結んで王女を輿入れさせ、その領土を中央アナトリアにまで拡大していた。

なお、アマルナ書簡内の記述（タルフンタルドゥからアメンヘテプ三世への返信）を読むと、アルザワ国の公用語はヒッタイト語であったらしいことが分かる。こうした外交文書は、当時の国際語であるアッカド語で書かれるのが通例であったが、メソポタミアから遠く離れていたアルザワ国は、その外交慣習を知らなかったとみられる。

「ニムワレヤ（※アメンヘテプ三世の即位名ネブマアトラーの転訛《てんか》）、大王、エジプト王は以下のように告げる。タルフンタルドゥ、アルザワ王よ。

（※以下定形的なあいさつ文のため中略）

使者イルシャッパをそなたに送り、以下のように命じた。『彼らが我が主に与える娘に面会せよ』と。彼は彼女の頭に油を注ぐであろう。私はそなたに金の詰まった袋を送った。それは最高品質である。（※中略）

彼ら（使者）はそなたの所から戻り、我が娘のための結納金を持ってくるであろう。我が使者とそなたの使者は……（欠落）……また私に……（欠落）……を送れ。（欠落）

……カシュカの国の人々を……（欠落）……。全ては終わり、ハットゥッシャの国はばらばらになったと聞いている。私はあいさつの品として、我が使者イルシャッパに以下の品々を託す。金の入った袋、重さ二〇ミナ（約一〇kg）。三着の軽い亜麻の服。三着の軽い亜麻のマント。三着の亜麻のhuzzi、八着のkušitti、一〇〇着の亜麻のšawalga、一〇〇着の亜麻のhappa……、一〇〇着の亜麻のmutalliyašša、『甘い油』の入った四つの大きなkukkubu容器、『甘い油』の入った六つのkukkubu容器、美しいšarpaと金が象嵌《ぞうがん》された黒檀の椅子三脚、象牙が象嵌された黒檀の椅子一〇脚、黒檀一〇〇本」

（アマルナ書簡EA31より）

「カルバヤは以下の言葉を私に語った。『血のつながりを持とうではないか』と。この件について、私はカルバヤを信用しない。彼はたしかにその言葉を語ったが、文書に記されていない。もしそなた（※アメンヘテプ三世）が本当に我が娘を望むのであれば、どうして与えないことがあろうか。与えるであろう。

カルバヤがすぐさま私の使者と共に戻るのを見て、私にこの件について文書に記したものを書いて寄こすがよい。知恵の王ナブー神、門の神イシュタヌシュが、この文書を読む書記を加護し、そなたの周りで彼らが手を取り合いますように。

（※以下、タルフンタルドゥがエジプト側の書記に宛てた欄外の記載）

書記よ、私に正しく書いて寄こせ。そなたの名も記すがよい。ここ（※アルザワ国）に送られる文書は常にヒッタイト語で書くがよい」

（アマルナ書簡EA32：EA31に対するタルフンタルドゥの返信）

北方のカシュカ族と、西方のアルザワ国の挟み撃ちを受け、ヒッタイト帝国の領土は「赤い河」の内側の中核地域のみとなり、大幅に縮小していたのであろう。紀元前十四世紀の前半、ヒッタイト帝国は滅亡の危機に瀕していたのである。

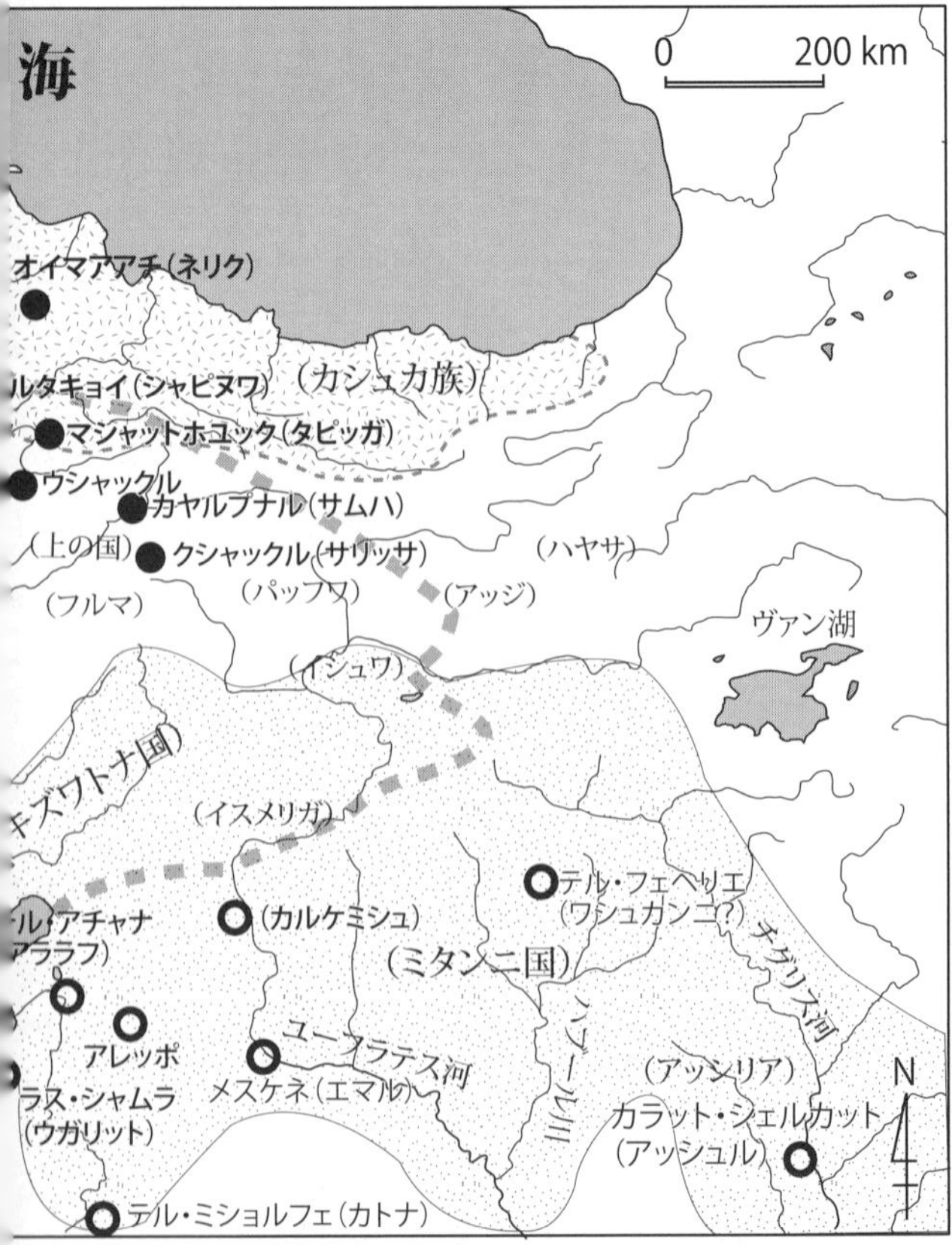
海
0
200 km
オイマアアチ（ネリク）
ルタキョイ（シャピヌワ）
（カシュカ族）
マシャットホユック（タピッガ）
ウシャックル
カヤルプナル（サムハ）
（上の国）
クシャックル（サリッサ）
（ハヤサ）
（パッフワ）
（アッジ）
（フルマ）
ヴァン湖
（イシュワ）
キズワトナ国）
（イスメリガ）
テル・フェヘリエ
（ワシュカンニ？）
ル・アチャナ
アララフ）
（カルケミシュ）
（ミタンニ国）
チグリス河
アレッポ
ユーフラテス河
ハブール川
（アッシリア）
メスケネ（エマル）
ラス・シャムラ
（ウガリット）
カラット・シェルカット
（アッシュル）
N
テル・ミショルフェ（カトナ）
トゥトハリヤ1世即位当時の
ヒッタイト帝国の領土
カシュカの最大支配領域
ミタンニ王国の最大勢力範囲
アルザワ国の最大領域

ヒッタイト中王国地図（紀元前1500年〜1350年頃）

第四章　帝国化するヒッタイト：ヒッタイト帝国期

アナトリアの覇権を二〇年で奪還したシュッピルリウマ一世

危機的な状況にあったヒッタイト王国を盛り返し、さらには古代オリエントの大国に押し上げたのは、トゥトハリヤ二世の息子であるシュッピルリウマ一世であった。紀元前十四世紀半ばに即位したシュッピルリウマ一世以降の時代は、ヒッタイト帝国期（新王国時代とも）と呼ばれ、文字史料ももっとも多く残されており、年代も含めてかなり詳細が判明している。帝国期の歴代王は、全てシュッピルリウマ一世の子孫である。

シュッピルリウマは、病弱だったらしい父トゥトハリヤ二世に代わって軍勢を指揮する有能な武将であった。サムハの町（現在のカヤルプナル遺跡か？）に第二の都を置き、カシュカの九つの部族を下し、荒れた土地に民を入植させたという。さらに自ら志願して西方のアルザワ国との戦いに向かった。

しかし、父トゥトハリヤ二世が死去して王位を継いだのは、シュッピルリウマの兄弟であるトゥトハリヤ三世だった。当初はトゥトハリヤ三世に従っていたが、有能なシュッピルリウマには我慢ができなかったのか、トゥトハリヤを殺して自ら王に即位したという。この経緯はシュッピルリウマの息子ムルシリ二世が言及しているため、間違いないと思われる。他の兄弟たちも殺したらしいが、近衛隊長であった兄弟ジダーだけは、その後も生存している。同母兄弟だったのだろうか。

シュッピルリウマの即位当時、ヒッタイト帝国は北にカシュカ族、西にアルザワ、南にミタンニという強国に囲まれ、滅亡の危機にあったというが、シュッピルリウマ自身の弁を借りれば「二〇年かけて」アナトリアの覇権を取り戻したという。まず、西方のアルザワ国を攻撃し、その勢力を削《そ》いだ。西方にあったミラ国から亡命してきた王子マシュフイルワには娘ムワッティを嫁がせ、その復位を助ける。ついで矛先をカシュカ族に向けてこれを鎮圧し、都ハットゥッシャの防備を固めた。さらには、東方のアッジ国の君主フッカナにも姉妹を嫁がせ、敵対的なハヤサ国を抑えさせた。

シュッピルリウマがもっとも力を注いだのは、建国以来の宿願であるシリアの支配である。最初の遠征こそ、ニブラニ山での戦いでミタンニ王トゥシュラッタの前に敗れたらしいが、その後ミタンニでは王位をめぐる内紛が勃発《ぼっぱつ》。ミタンニは長年シリアをめぐって争って

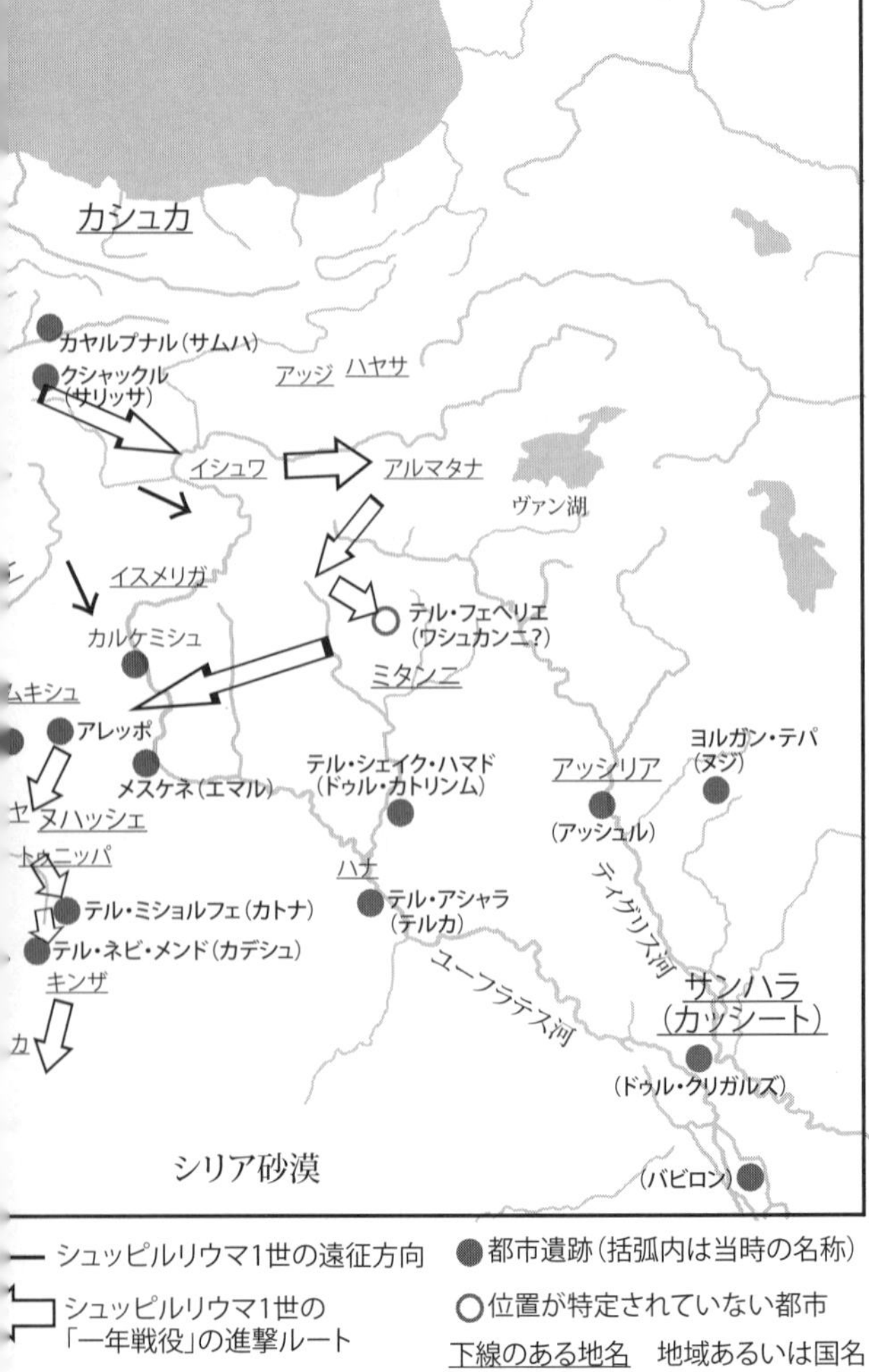
カシュカ
カヤルプナル（サムハ）
クシャックル
（サリッサ）
アッジ
ハヤサ
イシュワ
アルマタナ
ヴァン湖
イスメリガ
テル・フェヘリエ
（ワシュカンニ?）
カルケミシュ
ミタンニ
ムキシュ
アレッポ
メスケネ（エマル）
テル・シェイク・ハマド
（ドゥル・カトリンム）
アッシリア
ヨルガン・テパ
（ヌジ）
（アッシュル）
ヌハッシェ
トゥニップ
ハナ
テル・アシャラ
（テルカ）
テル・ミショルフェ（カトナ）
テル・ネビ・メンド（カデシュ）
キンザ
ティグリス河
ユーフラテス河
サンハラ
（カッシート）
（ドゥル・クリガルズ）
シリア砂漠
（バビロン）
シュッピルリウマ1世の遠征方向
シュッピルリウマ1世の
「一年戦役」の進撃ルート
●都市遺跡（括弧内は当時の名称）
○位置が特定されていない都市
下線のある地名　地域あるいは国名

シュッピルリウマ1世遠征図（紀元前1350年～1322年頃）

※地名の位置に関しては多くは推定であり、確定していない

いたエジプトと和平を結んでヒッタイトに対抗しようとしたが、これまた長年支配下に置いていたアッシリアに独立を果たされてしまい、弱体化した。

これに乗じ、シュッピルリウマは一年に及ぶ長期のシリア遠征をおこなった。ヒッタイトの大王には例年の祭礼を主催する重要な役割があるため、一年に及ぶ遠征は極めて異例である。シュッピルリウマはまずユーフラテス河上流域のミタンニの属国イシュワを下し、ミタンニの都ワシュカンニ（所在地は未確定）を囲んだ。しかし、ミタンニの王トゥシュラッタは城に籠り、挑戦状を送っても応戦しないため、矛先を転じて北西シリアに進撃した。ミタンニの属国であったウガリットやムキシュを下し、カトナを略奪し、カデシュを破り、ダマスカスの辺りまで進撃した。しかし祭礼主催のために、後をキズワトナ国の大神官である息子テリピヌに委ね、この「一年戦役」は終了した。

シリア遠征の隙を衝《つ》くかのように、北方のカシュカ族が動き出したため、シュッピルリウマは対カシュカ遠征をおこなってこれを鎮めた。すると南方ではミタンニがエジプトと結んで反攻に出て、エジプトはカデシュを奪還する。ところが、ミタンニでは王家の内紛によりトゥシュラッタが殺されてしまう。シュッピルリウマはミタンニ王子の一人シャッティワザによる支援要請を受けて内紛に介入、軍を進めてシャッティワザの即位を助け、ミタンニを属国化することに成功した。さらにシリアのカルケミシュを包囲した。

なお、エジプトとヒッタイトは元々敵対していたわけではなかったが、先に紹介したエジプトのアマルナ出土書簡を読むと、勢力を強めるシュッピルリウマが、徐々にエジプトに対し敵対的になっていったことを窺わせる記述がある。

「太陽、大王、ハッティ王シュッピルリウマは、我が兄弟、エジプト王フリヤに以下のように告げる。(※あいさつ文中略)

私がそなたの父に送った使者も、そなたの父が行った要求のいずれもが、『われらの間に友好関係を築こう』といったのを、私は拒絶しない。そなたの父が私に言ってきたことを私は全て行った。私が言ったことも、そなたの父は断ったことはなかった。彼はあらゆるものを与えてくれた。

我が兄弟よ、そなたの父が生前私に行った贈り物をなぜ保留するのか? 我が兄弟よ、そなたはそなたの父の玉座を継ぎ、私は両者の間に平和が維持されることを望んでいる。それゆえ我々は友好的であらねばならぬ。そなたの父に望んだことを、我が兄弟へもするであろう。互いに助け合おうではないか。

我が兄弟よ、私がそなたの父に望んだものを保留することなきよう。つまり金の像二体、一つは立像、一つは座像である。そして我が兄弟よ、銀の女性像二体、ラピス・ラズリの大きな塊、そして……のための大きい台を私に送れ。……（欠落）……
もし我が兄弟がそれを与えることを望むなら、我が兄弟にそれを与えさせよ。もし我が兄弟がそれを望まぬなら、我が戦車は……（欠落）……の準備は出来ている。……（欠落）……亜麻のnuzzi、私はそれを我が兄弟に返すであろう。我が兄弟よ、何でも望むものを書いて寄こすがよい。
私は以下の通りそなたへのあいさつの品を送る。鹿形の銀のリュトン一個、重さは五ミナ。若い羊の形をした銀のリュトン、重さは三ミナ。銀の板二枚、重さ一〇ミナ、大きいnikiptuの樹の形をしている」

（アマルナ書簡EA41：シュッピルリウマ一世からツタンカーメン？　に宛てた書簡）

「（冒頭欠落）……（あいさつ文中略）……（欠落）
……そなたの送ってきた文書で、なぜそなたの名を我が名の上に置いたのか？　我々の間の良い関係に反対するのは誰で、これは許される振る舞いなのか？　我が兄弟よ、そなたは平和を願って書簡を寄こしたのではないか？　そしてもし（そなたが我が兄弟なら）、自分の名を持ち上げる一方で、私を貶《おとし》めることをするだろうか？　私は……の名を……しかしそなたの名は……私は消し去るであろう……」

（アマルナ書簡EA42：シュッピルリウマからエジプト王への書簡）

ツタンカーメン王の妻からの驚くべき提案

さて、カルケミシュを包囲しているシュッピルリウマの陣中に、敵対しているはずのエジプトの王妃ダハムンズ（アンケセナーメンと同一人物か）の使者が訪れた。使者がもたらした書簡の内容は、夫ニプフルリヤ（おそらく未盗掘墓の発見で知られるツタンカーメン王を指す）が死んだこと、自分に新たな夫としてシュッピルリウマの息子の一人を送ってくれれば次のエジプト王とする、という驚くべき申し出であった。「こんなことは我が生涯でなかったことだ！」と、当然シュッピルリウマはこれを信用せず、宰相の一人ハトゥッシャ・ツィティをエジプトに派遣して様子を

ツタンカーメン王の黄金のマスク

探らせることにした。エジプト王ツタンカーメンの死去は紀元前一三二三年頃と考えられるので、この出来事はその直後であろう。

その間にシュッピルリウマはカルケミシュを攻略し、息子の一人シャッリ・クシュフを置き、アレッポに置いた息子の一人テリピヌと共に、シリアの支配（ウガリットやアムルなどといった属国の監視・監督）を任せることにした。こののち、シャッリ・クシュフの子孫は代々カルケミシュ副王として、ヒッタイト帝国のシリア支配を担うことになる。なお、エジプトがシリアやパレスチナに総督を派遣して、属国の子弟にエジプトで教育を受けさせ、シリアやパレスチナの属国を部分的とはいえ直接的に支配しようとしたのに対し、ヒッタイトは属国と条約を結んで一定の独立性を認め、間接支配に留まったことが、両大国の支配体制の違いとして挙げられる。

翌春、エジプトに派遣していた宰相ハトゥッシャ・ツィティがエジプトの使者ハニを伴い、ダハムンズの書簡を携《たずさ》え帰国した。その書簡には、自分を信用してくれないシュッピルリウマへの恨み言や、エジプト王となるべき新たな夫として王子の派遣を要請しているのは、ヒッタイトに対してのみであると繰り返していた。

「なぜあなたは私があなたを騙しているなどと思うのですか。私に息子が居るなら、息子のことを書いたりして、なぜ外国に我が国の恥を言うことがありましょうか。あなたは私を信用せず、私にあのように語ったのです！　私の夫は亡くなりました。私は我が臣下を夫とすることなどあり得ません。私はあなたにのみ手紙を書いています。あなたには多くの息子が居ると聞きます。ゆえに、あなたの息子の一人を私に下さい。彼は我が夫となり、エジプトの王となるでしょう！」

（ダハムンズからシュッピルリウマへの書簡：
「シュッピルリウマの功業録」より）

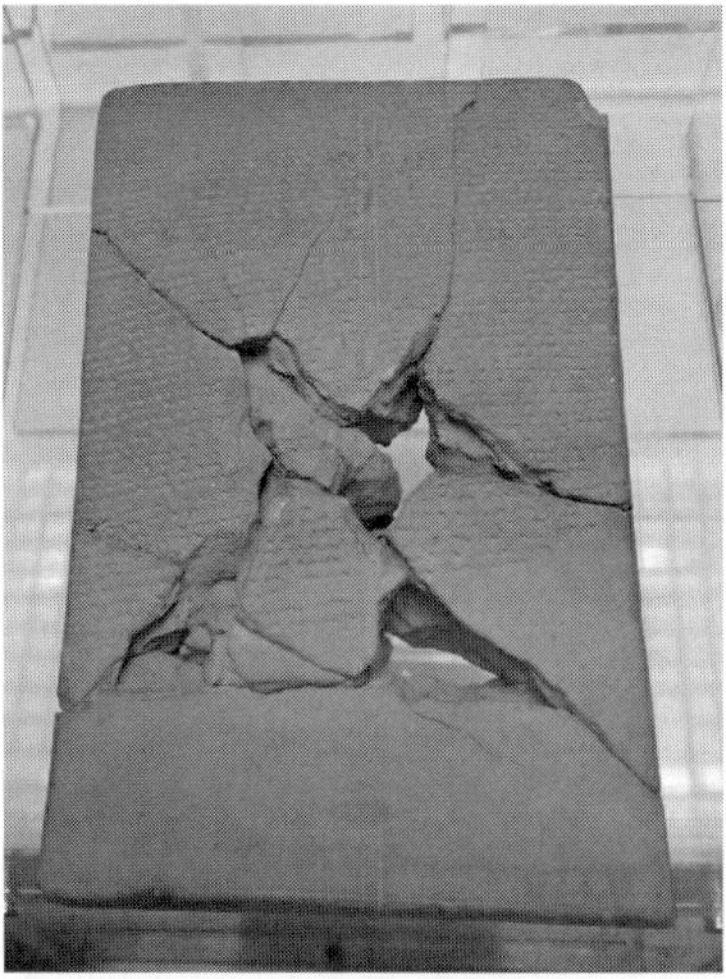
「シュッピルリウマの功業録」文書（イスタンブル考古学博物館）

「我が主君（シュッピルリウマ）よ、これは我が国の恥です。もし王の息子が居るのなら、外国に対して我が国の君主を送ってくれと頼むことがあるでしょうか？　我らが王であったニプフルリヤは死にました。彼には息子はいません。王妃は独身です。我らはエジプト王としてあなたの息子を望んでいます。我らが主君である女性の夫となるべき人です。我らは他の国に行くこともなく、ここにのみ来ています。さあ、我らに我が主君の王子に賜りますよう!」

(シュッピルリウマに対するハニの口上:「シュッピルリウマの功業録」より)

ようやく信用したシュッピルリウマは息子の一人ザナンザを送ったが、当初シュッピルリウマが危惧した通り、ザナンザは殺され、エジプトでは新王アイが立った。

激怒したシュッピルリウマは、後継者の王子アルヌワンダを伴いエジプト支配下のシリアに攻め込み勝利を収めるが、連行したエジプト人の捕虜からヒッタイト国内に疫病が広まり、シュッピルリウマ一世と、その跡を継いで王となったアルヌワンダ二世は、相次いで病死してしまった。

まん延する疫病に苦しんだ若き新王

アルヌワンダ二世の跡を継いでヒッタイトの大王となったのは、弟のムルシリ二世である。ムルシリは歴代のヒッタイト王の中で、もっとも詳しくその治世の事績が伝わっている君主であり、ある種の人間味も感じさせる。即位からおよそ二〇年分の事績を伝える業績録が発見されており、その中で即位一〇年目に皆既日食が起きたことを記している。天文学上の計算と、エジプト、メソポタミアの同時代の王の在位期間とを突き合わせると、この皆既日食が発生したのは紀元前一三一二年六月と推測できるので、ムルシリが即位したのは紀元前一三二二年であろうという推測が成り立つ。また、ムルシリは自身が発話障害を持っていたことも記しているが、その原因は後述する義母による呪いのせいだとしている。

帝王教育を受けておらず、経験に乏しい若い新王ムルシリを、周辺の国々は侮《あなど》ったという。カシュカ族やシリアの属国は早速ムルシリに反旗を翻した。

「……兄アルヌワンダが神になった（※死んだ）とき、今まで敵対していなかった国々も我が国に敵対し始めた。敵国はこのように言った『ハッティ国の王だった彼（※ムルシリ二世）の父（※シュッピルリウマ一世）は王として英雄であり、敵国を打ち破った。今や彼は神になった。その王位を継いだその息子（※アルヌワンダ二世）も若くして英雄だったが、病に罹り神になった。今や父の王位に登った者（※ムルシリ二世）はまだ若く、ハッティ国とハッティ国の国境を守ることは出来ないであろう！』と」

（ムルシリの十年記）

ムルシリ二世はこの窮地《きゅうち》の原因を、父シュッピルリウマがアリンナの太陽女神への例大

● 都市遺跡（括弧内は当時の名称）

○ 位置が特定されていない都市

⇐ ムルシリ2世の遠征
（横の数字は在位何年目かを示す）

下線のある地名　地域あるいは国名

△ヒッタイトの磨崖碑文

ヒッタイト帝国期前半（紀元前1320年〜1260年頃）地図

※地名の位置に関しては多くは推定であり、確定していない

ヒッタイト帝国期前半の最大勢力範囲

ムルシリが征服した当時のアパサ（エフェソス）は、中央にみえるアヤソルックの丘の上にあったと考えられる。手前は「世界七不思議」に数えられたアルテミス神殿の跡

祭を怠った報いだと思い、七日七夜不眠不休で祈り続けたという。一方で、即位直後から連年ムルシリはカシュカ族を討伐、即位三年目には矛先を西に転じてアルザワ国の都アパサ（のちのエフェソス）を攻略し、西方諸国をヒッタイト帝国の支配下に収めた（そのため、帝国領内でのルウィ人の割合はさらに高まることになった）。その後も主にカシュカ族に対する遠征を連年繰り返し、他にもシリアでエジプトと戦い、勢力を伸長しつつあったアッシリアに備え、東方のアッジ国、ハヤサ国を破り、西方で謀反を起こした属国の王を鎮圧するなど、ほぼ毎年遠征に従事していた。

なお、即位八年目では、東方のハヤサ国への遠征を祭礼主催のために途中で中止したという。また、即位一五年目のカシュカ族との戦いでは、鳥占いで敵の伏兵を察知し、勝利したと伝えられている。

外交・軍事で華々しい成果を挙げた一方で、ヒッタイト国内では父シュッピルリウマの晩年から続く疫病が二〇年以上も猛威をふるい続けた。その間、ヒッタイト国内の人口は減少し続けており、ムルシリの度重なる遠征の目的の一つには、敵地から労働力となる住民（捕虜）を連行することもあったと思われる。

「ムルシリ２世のペスト祈禱」文書（イスタンブル考古学博物館）

「我が父（※シュッピルリウマ一世）がザナンザの殺害後エジプト国境で戦い、エジプトの捕虜をハッティに連れ帰ったのち、一緒に疫病を我が国に持ち帰った。その日からハッティに多くの死が始まった。私（※ムルシリ二世）にはそのことに罪はない。こんにちまで疫病は荒れ狂っている。私が父の罪業を負わねばならないのか？　そのように天候神は夢に現れ、私に犠牲祭儀をするよう語りかけた」

（「ムルシリ二世のペスト祈禱」文書）

ムルシリは神託で疫病の原因を神に問い（託宣では、父による兄弟殺しなどが理由とされた）、神々に許しを請うて供物を捧げたが、めぼしい効果は見られず、「落ち度のない自分をなぜ苦しめるのか」と神々に問う「ペスト祈禱」文書が残されている。当時、国で起きる災厄は、国王の神々に対する不行跡《ふぎょうせき》の報いと考えられていた。また、家庭内でも不和があり、即位一〇年目には義母マルニガル（バビロニア王女の出身といわれる）を、横領や異郷の儀礼の持ち込み、前年に死んだ王妃ガッシュルウィヤや自身に対する呪いといった罪状で、女大神官の地位から追放している。

ヒッタイトからみたカデシュの戦い

およそ二五年間在位したムルシリ二世の跡を継いだのは、息子のムワタリ二世である。当時エジプトでは第十八王朝から第十九王朝に交替し、再びシリアへの進出を強めていたため、ヒッタイトとの激突は不可避であった。ムワタリは有能な弟ハットゥシリを軍司令官や「上の国」の知事に任じて、カシュカ族やエジプトとの抗争を繰り広げた。

ヒッタイト帝国前期のヒッタイト王系図

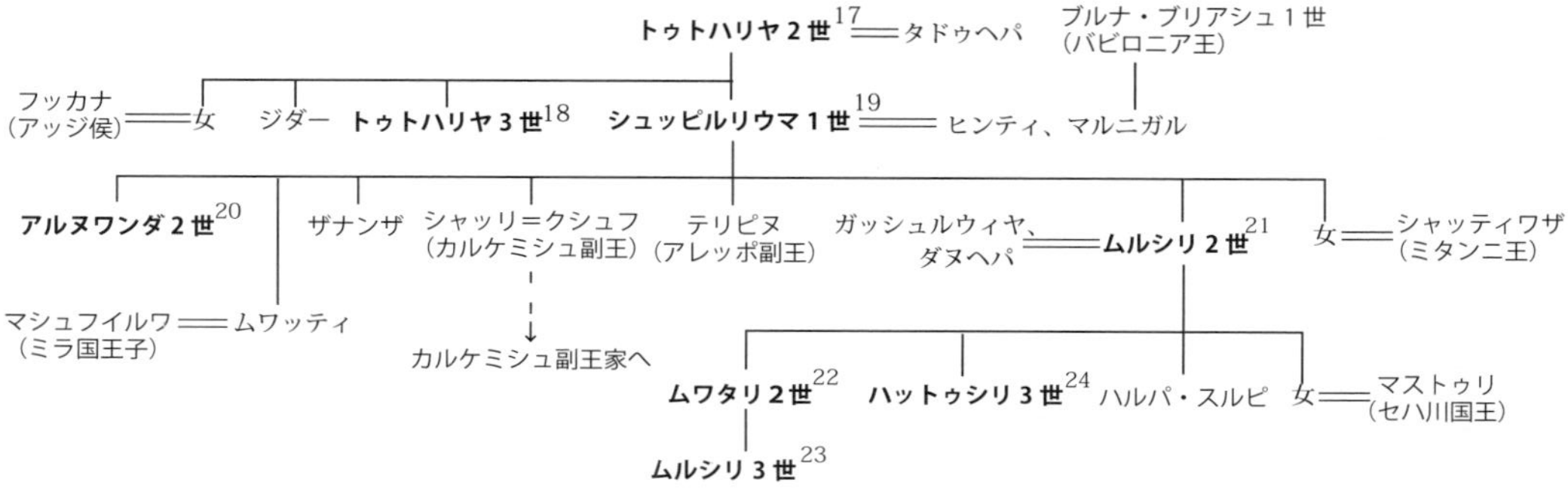

太字はヒッタイト王、明朝体は女性を示す。右肩の数字は大王としての代数

エジプトで若き王ラメセス二世が即位すると、事態は一挙に緊張の度を増し、ついにラメセス二世の治世第五年にあたる紀元前一二七四年四月頃、帰属を争っていたシリアのカデシュで、ラメセス率いるエジプト軍と、ムワタリ率いるヒッタイト軍は激突した。ラメセス二世の残した記録によれば、ヒッタイト側の軍勢は歩兵三万七〇〇〇人、戦車三五〇〇両（一両につき兵士三人が搭乗）、合計四万七五〇〇人という大軍であったという。この数値には誇張もあるかもしれないが、ヒッタイト軍にはシリアなど各地の属国の軍勢も加わり、空前の大軍だったのは間違いなさそうである。

ラメセス二世の碑文によれば、ヒッタイト側の詭計《きけい》によりエジプト軍は窮地に陥ったが、自分一人の活躍で危機を脱し、エジプト軍が大勝したという。実際の結果は痛み分けといったところであったが、その後結局カデシュはヒッタイトに帰属したため、戦略的にはヒッタイトの優勢勝ちといったところであろうか。

ラメセス二世はエジプト国内に建設した神殿に、自らの勲《いさおし》や勝利を伝える大壁画を作り、両軍合わせて数万の大軍が激突したという古代世界でも未曽有の大会戦について克明に記している。一方これまで発見されているヒッタイト側の記録では、後代の王によってごく簡潔にその勝利が述べられているのみである。これは、ムワタリがその治世中に都をハットゥッシャからタルフンタッシャに遷《うつ》したのだが、そのタルフンタッシャの所在地が不明なため、同時代の記録に乏しいことに起因する。いつの日かタルフンタッシャの遺跡が発見され、当時の文書を収めた文書庫跡が発見されれば、ヒッタイト側から見たカデシュの戦いの顛末が明らかになることもあるだろうが、現在はほぼエジプト側の史料に依拠するよりほかない。

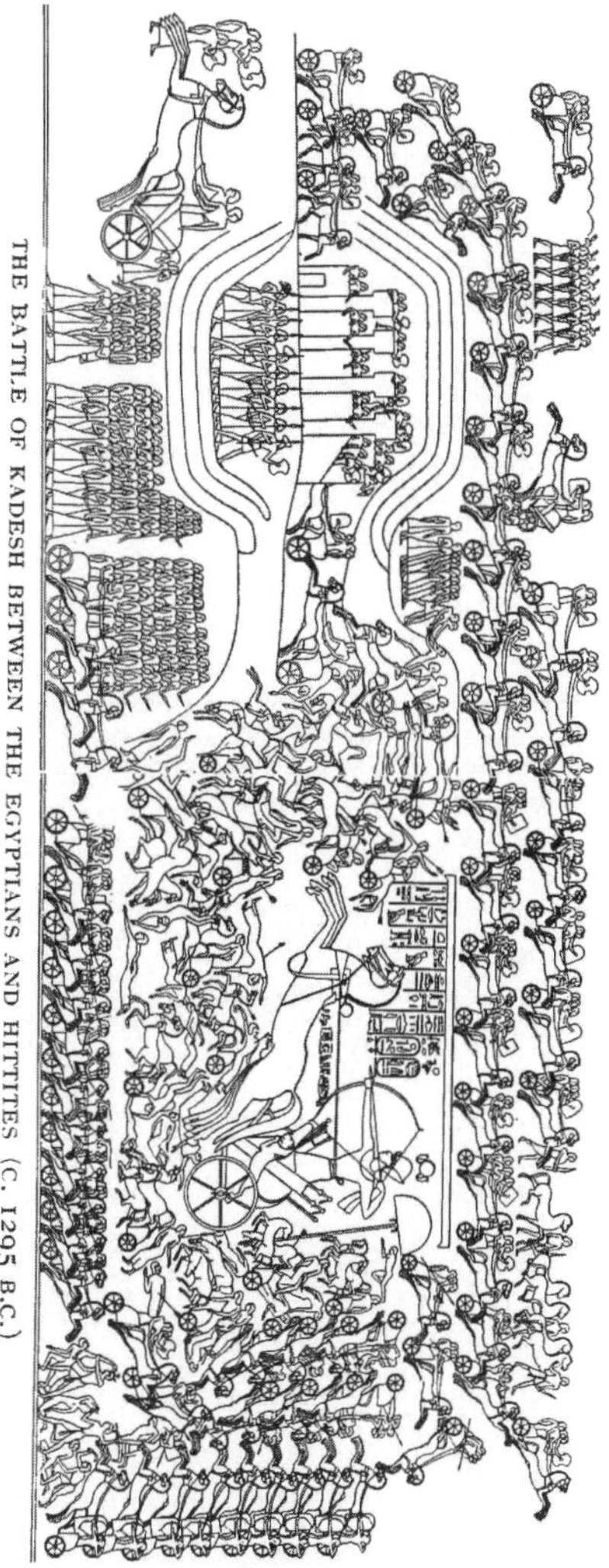

アブシンベル神殿に刻まれたカデシュの戦いの様子

「我が兄ムワタリはエジプトとアムルの王と戦ったので、エジプト王とアムル王を破ったのち、アバ（※ダマスカス近辺）に戻った。我が兄ムワタリがアバを破ったのち……ハッティに戻ったが、私（※ハットゥシリ三世）をアバに残した」

（KUB XXI 17：ハットゥシリ三世の書簡）

「ムワタリ、我が太陽（※トゥトハリヤ四世）の父の兄が即位したとき、アムルの民は誓いを破り、こう言った『自由民から属国になった。しかし我々はもはやあなたの属国ではない』と。こうしてエジプト王のしもべになった。その後ムワタリ、我が太陽の父の兄とエジプト王はアムルの民をめぐって戦った。ムワタリはエジプト王を破り、アムルの地を武器で破壊し、自身に従わせた」

（CTH 105：トゥトハリヤ四世とアムル王シャウシュガムワの条約文）

他の外交的事績として、ムワタリは、アナトリア北西部にあったウィルシャ国の王アラクシャンドゥとの間に、ヒッタイトに従属する条約を結んでいる。ウィルシャとはホメロスの叙事詩『イリアス』で名高いイリオス（トロイアの別名）、アラクシャンドゥとはアレクサンドロス（『イリアス』に登場するトロイア王子パリスの別名）を指すのではないかとする説もある。ムワタリの晩年、エーゲ海沿岸のヒッタイト領は、対岸にあるアヒヤワ国（ミケーネ文明）の策動で不安定化しつつあった。

　またムワタリは、歴代のヒッタイト王で初めて、磨崖碑《まがいひ》を残した王でもある。アナトリア南部キリキア地方にあるシルケリ・ホユックのジェイハン川に面する崖の岩肌に、ルウィ語象形文字で記した碑文と共に、王権のシンボルである先端が巻いた杖を持つ自らの姿を彫らせている。この場所は、ヒッタイト本国から南方のシリアへ出る際に通る重要なルート上にあった。

第五章　絶頂からの転落?：ヒッタイト帝国の滅亡

叔父に王位を簒奪されたムルシリ三世

ムワタリ二世の跡を継いだのは、まだ年若いムルシリ三世であった。フリ語名はウルヒ・テシュプといい、後の王たちの文書ではムルシリではなくこのフリ語名でしか呼ばれない。フリ語名の方が本名でムルシリは即位名だったという説もあり、またのちに簒奪されてしまったため、後の王たちにあえて即位名を避けて呼ばれたとする説もある。ムルシリ三世から王位を奪うのは、父ムワタリの弟でムルシリには叔父にあたる、ハットゥシリ三世であった。

ムルシリは父の生前から共同統治者だったらしく、父との連署印のある文書が見つかっている。父の死後、まだ若いムルシリは、有能な叔父ハットゥシリの輔弼《ほひつ》を受けた。即位後まず行ったことは、父がタルフンタッシャに遷した首都を、伝統的な都であるハットゥッシャに戻すことであった。その理由は不明だが、シリア情勢の安定化、あるいは宗教的な保守勢

ヒッタイト帝国末期のヒッタイト王系図

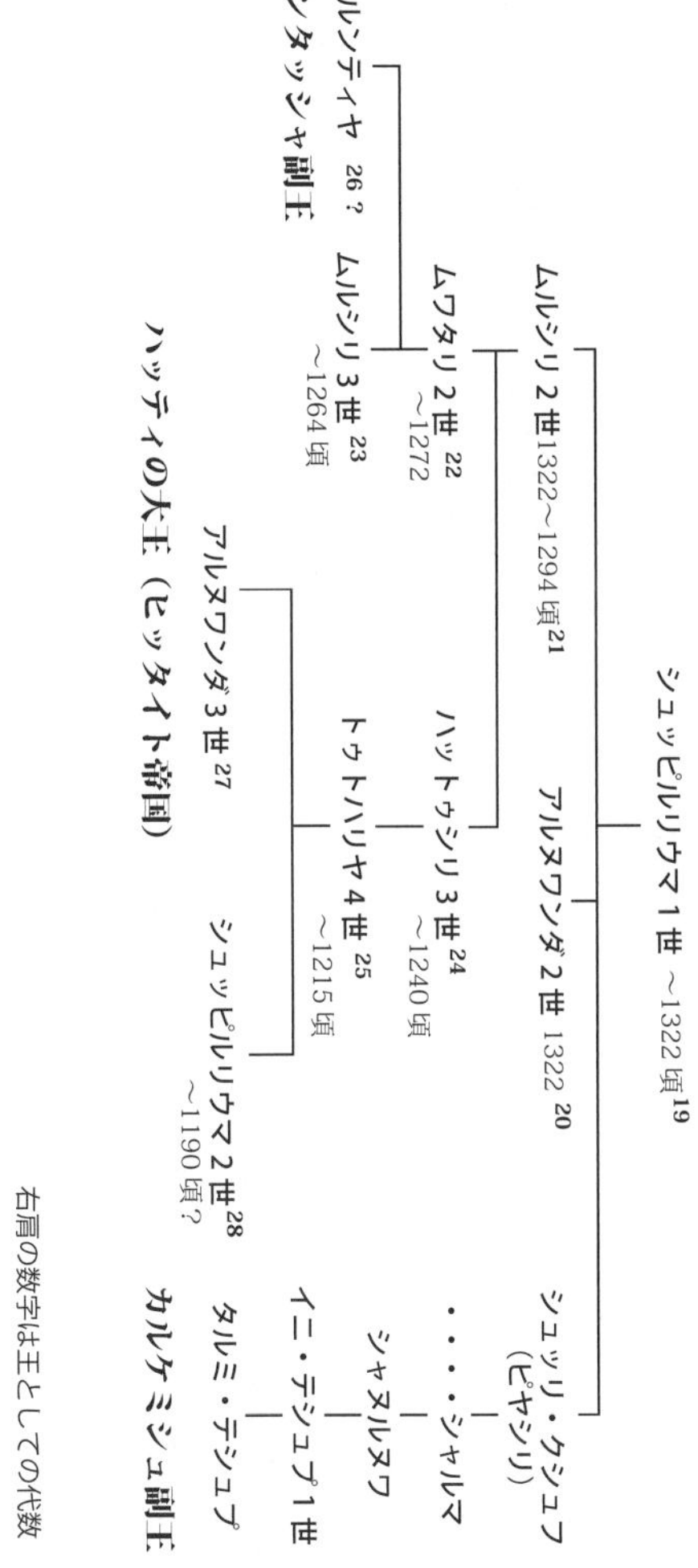

ムルシリ3世の印影（イスタンブル空港博物館）

力との妥協などが考えられる。

この時期、ミタンニ国から独立を果たしたアッシリアは、逆にヒッタイトの属国となったミタンニの領土を蚕食《さんしょく》し、勢力を伸長しつつあった。ヒッタイトとアッシリアの関係は徐々に敵対的になっていく。

「そなたは繰り返しワサシャッタに対する征服のことやフリの国（※ミタンニ）のことばかり言う。武器によってそなたは我がしもべ（※ミタンニ王）を打ち破ったが、それによって大王になったとでもいうのか。そなたがしきりに口にする『兄弟』とは何のことか？……どのような理由があって私がそなたに兄弟などと呼びかけねばならぬのか？　互いに手紙をやりとりする者は誰でも兄弟などと書くのか？　友好的でない者に対し手紙を書くときは互いに『我が兄弟』などと呼びかけるのか？　そのために私がそなたに兄弟などと言わねばならないのか？　我々は共通の母親から生まれたとでもいうのか？　我が父や祖父がアッシユル王に兄弟などと書かなかったのだから、そなたも私に向って『兄弟よ』とか『大王から』などと書かぬ事だ！」

（KUB XXIII 102：アッシリア王アダド・ニラリ一世への返書）

この書簡はムルシリではなく父ムワタリ二世による書簡ともいうが、勢力を拡大し次第に尊大になっていたアッシリア王への苛立ちが、ストレートに表現されている。「我が兄弟」というのは当時の大国同士の王による定型的な呼びかけ表現だが、かつては自身の属国のさらに属国だったアッシリアの王が、「我が兄弟」と呼びかけてきたことに腹を立て、「母が同じなのか」などというわば大人気ない返答をしている。

ムルシリはやがて、叔父ハットゥシリと対立するようになる。ハットゥシリは「七年間仕えた」というが、その間自身の手柄にもかかわらずハクピシュとネリク（オイマアアチ遺跡に同定されている）の王位を剝奪される仕打ちを受け、また「アリンナの太陽女神」をムルシリがおろそかにしたため、「正室の子ではない」ムルシリに対して、反逆に至ったのだという。この辺りの経緯はハットゥシリ自身が残した「ハットゥシリ三世の弁明」という書簡の記述にもっぱら基づいており、いわば一方的な主張であるため、実際どうだったのかは注意を要する。ともあれ、ヒッタイト帝国を二分する争いになったが、属国や有力貴族の多く

「ハットゥシリ３世の弁明」文書（イスタンブル考古学博物館）

はハットゥシリに味方した。劣勢になったムルシリは都を捨て第二の都市サムハ（カヤルプナル遺跡か）に逃げ込んだ。サムハ市民はムルシリの首と引き換えに降伏を申し出たが、ハットゥシリは拒絶したという。結局ムルシリは退位を余儀なくされ、北シリアの属国ヌハッシェに亡命した。

　だがその後もムルシリはあきらめず、アヒヤワ国（ギリシャのミケーネ文明）やバビロニアの支援を得て反乱を画策したりしたため、「海の向こう」（キプロス島か？）へ追いやられた。その後ムルシリはエジプトに引き取られ、ラメセス二世の治世第三四年（紀元前一二四六年）にはエジプトでまだ生存していたという。ムルシリの息子たちはシリアにいたが、のちにハットゥシリ三世の息子トゥトハリヤ四世と和解したとされる。

　王位を簒奪したハットゥシリ三世は、幼少時こそ病弱であったが、イシュタル女神の加護により快癒したといい、生涯イシュタル女神を自身の守護神とした。長じては兄ムワタリ二

フラクトゥン碑文の複製（カイセリ考古学博物館）。左から２番目がハットゥシリ、真ん中右側（右端）の人物がプドゥヘパ

世によく仕え、近衛隊長や軍司令官として軍功を立て（カデシュの戦いにも従軍している）、ハクピシュ王に封じられて「上の国」（北方）の統治を任された。その時期の功績は、カシュカ族から聖なる町ネリクを奪還し再建したことであった。

妻はキズワトナ国の神官ペンティプシャリの娘プドゥヘパであり、宗教勢力との結びつきが強かったことを窺わせる。妻プドゥヘパと息子トゥトハリヤを、のちにサムハ市のイシュタル女神の神官に任じている。フラクトゥンに残るハットゥシリとプドゥヘパ共同の磨崖碑文では、二人は同じ大きさ（むしろプドゥヘパの方が大きい）で描かれており、王妃の権威の大きさを物語っている。

甥から王位を奪ったハットゥシリだが、ムルシリ三世の弟クルンティヤについては、その幼少時から養育を任されていたこともあり、これをタル

海
オイマアアチ(ネリク)
カシュカ
ルタキョイ(シャピヌワ)
シャックル・ホユック(ジッパランダ?)
カヤルプナル(サムハ)
クシャックル(サリッサ)
カラクユ
マムクル
ハンイェリ
タシチ
ズワトナ国
カルケミシュ副王国
ニヒリヤ?
ルケリ
カルケミシュ
イェセメック
テル・アチャナ
テル・サビ・アビヤド
テル・バズィ
(バシール?)
ラス・シャムラ
(ウガリット)
ガリット国
メスケネ
(エマル)
中期アッシリア
テル・シェイク・ハマド
(ドゥル・カトリムム)
ヌハッシェ国
ムル国
N
0
200 km
その他の遺跡
碑文
ヒッタイト帝国末期の最大領域
アッシリアの進出範囲
アッシリアの進出方向

ヒッタイト帝国末期地図

● ヒッタイト帝国の都市遺跡
（括弧内は当時の名称）

フンタッシャ副王に封じて、ムルシリ三世派の不満を抑さえ込んだらしい。

エジプトと結んだ「世界最古の和平条約」

ハットゥシリの最大の事績は、シリアをめぐって長年対立関係にあったエジプト（ラメセス二世）と和平を結び、さらには政略結婚で結びつきを強めたことにある。この外交には、王妃プドゥヘパも独自にラメセスと文通し、両大国の関係改善に寄与したらしい。エジプトとの和平という「外交革命」に転じたのは、関係が悪化していた南方のアッシリア、西方のアヒヤワ（ミケーネ文明）という新興勢力への対抗の目的もあったようである。

外交努力が実り、ラメセス二世の治世第二一年（紀元前一二五九年）一〇月、両国は和平条約に調印した。

「二一年目、冬の第一の月、二一の日（註・太陽暦一〇月三一日）、ラメセス二世の御世。この日、陛下はピラメセスにいまし、神の喜びをされた……そこに三人のエジプトの使者とハッティの第一と第二の使者、ティリ・テシュプとラモセ、そしてカルケミシュ（※ヒッタイト傘下のカルケミシュ副王）の使者ヤプシリが、ハッティの王ハットゥシリがラメセス陛下に和を請うためにファラオに送った銀の板を運んで来た……」

（カルナックの和平条約碑文の書き出し）

「銀の板」とは、条文を刻んだ銀の板で、両国の都の正門に掲げられたらしい。条文はエジプトではカルナック神殿の壁にヒエログリフで刻まれている。ヒッタイトでは条文をアッカド語で書いた粘土板文書が、ボアズキョイにおける一九〇六年の最初の本格的な発掘で発見されている。その内容がカルナックの碑文と共通していることから、それまで位置が不明だったヒッタイト帝国の都ハットゥッシャが、ボアズキョイ遺跡であることが判明した。この粘土板文書は現在イスタンブル考古学博物館に所蔵されており、またニューヨークにある国際連合本会議場外のロビーには、それを拡大したレプリカがはめ込まれている。

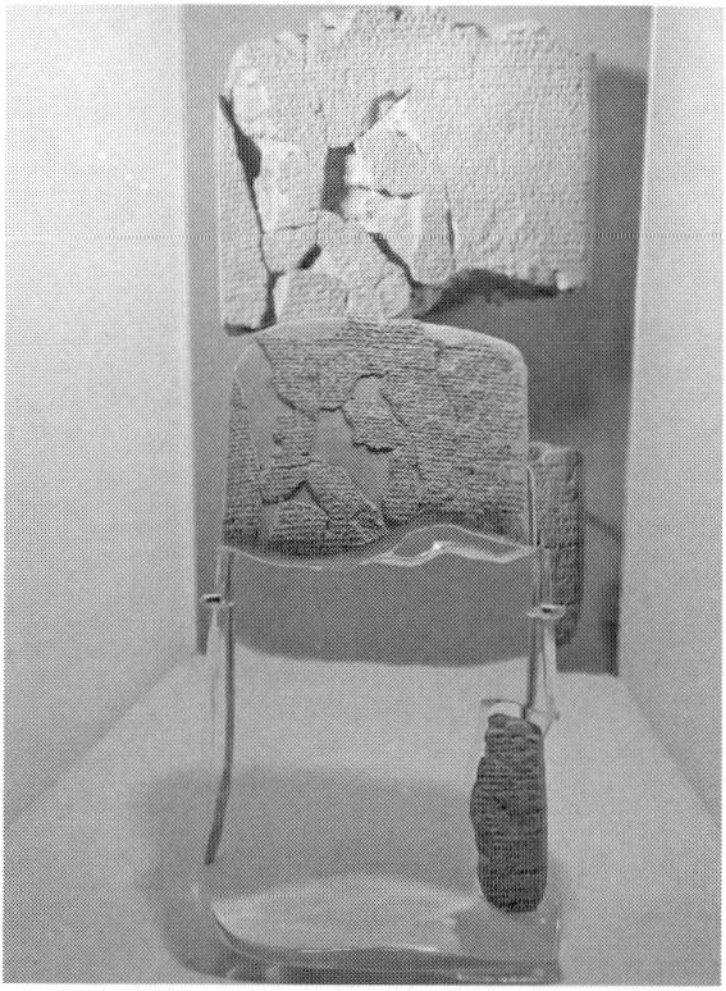
ヒッタイトとエジプトの和平条約文書（イスタンブル考古学博物館）

条文はエジプト側とヒッタイト側では微妙に異なるが、これまでの両国関係を回顧し、両王（個人）の同盟と相互不可侵、第三者の攻撃への対処を規定する。特徴的なのは、ハットゥシリの息子がヒッタイト王位を継ぐことをラメセスが保証する条文で、王位簒奪の影がここにも見えている。さらに政治犯や亡命者の相互引き渡し、代理処罰の禁止などを定め、最後に相互の神々に対して、条約の遵守とその祝福、破った場合の呪いを誓っている。この条約文は、これまでヒッタイトが他国や属国と結んできた条約の形式を踏襲しているが、「世界最古の和平条約」として一般によく知られている。

さらにラメセス二世の治世第三四年（紀元前一二四六年）には、ハットゥシリとプドゥへパの娘シャウシュカヌが、当時五六歳のラメセス二世に王妃の一人として嫁いだ。

「私は我が姉妹（プドゥヘパ）が私に送ってきた書簡を見て、ハッティの大女王である我が姉妹が書いたその内容に満足した。……大王、ハッティの王、我が兄弟は、朕にこのように言ってきた。『人々よ来よ、我が娘の頭に油をかけよ、そして彼女は大王、エジプトの王の家へと運ばれるのだ』……素晴らしい、我が兄弟が私に書いてきた決断は何と素晴らしいことか。我らが二大国は永久に一つとなる！」

（KUB III63：ラメセスからプドゥヘパへの書簡）

ラメセス２世妃ナプテラからプドゥヘパ宛ての書簡（アナトリア文明博物館）

エジプトのアブシンベル神殿にある浮き彫りには、ハットゥシリが自ら娘をラメセスの元に連れてきたように描かれているが、これは実際の場面ではない。ただ、両首脳がエジプト支配下のパレスチナで会見することは、実際に計画されたようである。

ハットゥシリは南方のバビロニアとも相互の子孫の王位継承を永遠に保証するという友好関係を結び、王子トゥトハリヤの妻にバビロニア王女を迎えている。またアッシリア王とも書簡のやり取りをしている（後述する「鉄の贈り物」に関する書簡は、ハットゥシリからアッシリア王に送られたものと推定される）。大国エジプトの後ろ盾も得て、ヒッタイトは盤石になったと思われた。

一方で、西方ではピヤマラドゥという人物がヒッタイトに対して反乱を起こし、タワガラワという、アヒヤワ（ミケーネ文明）王の兄弟なる人物がこれを支援したという。ピヤマラドゥはヒッタイトの追撃を受けミラワタ（のちのミレトス）に逃げ込み、

ヤズルカヤに彫られた、シャルマ神に護られるトゥトハリヤ４世の姿

さらに「海の向こう」へ逃亡したという。ヒッタイトは外交の使者を派遣し、タワガラワと会見したという。なお、このタワガラワという名前は、古代ギリシャの悲劇『オイディプス王』にも登場する、「エテオクレス」という人名が転訛したものとする説もある。ともあれ、西方は不穏であった。

建設王トゥトハリヤ四世

ハットゥシリ三世の跡を継いだのは、その王子トゥトハリヤ四世である。フリ語名はタシュミ・シャルマもしくはヒシュミ・シャルマであり、シャルマ神を守護神として崇敬していたことが窺える。実際に、トゥトハリヤ四世に捧げられた聖所（ヤズルカヤ）の磨崖浮彫には、シャルマ神に肩を抱かれ守られているトゥトハリヤの姿が彫られている。トゥトハリヤには皇太子に指名された兄がいたが廃嫡され、父の生前からトゥトハリヤの王位への道は父王と母である王妃プドゥヘパにより入念に準備されていた。父との共同統治期間もあったらしい。

当時ヒッタイト帝国はその内部にタルフンタッシャとカルケミシュの二つの副王国があり、タルフンタッシャは西方の、カルケミシュは南方の属国の統治・管理を任されており、半ば独立した強大な権限を持っていた。このうち、タルフンタッシャ副王クルンティヤは追放されたムルシリ三世の弟であり、トゥトハリヤの従兄弟にあたる。一九八六年、ボアズキョイにあるスフィンクス門の内側の地中から、このクルンティヤとトゥトハリヤが結んだ条約を刻んだ青銅製の板が発見され、「青銅板文書」と呼ばれている。この条約で、トゥトハリヤは従兄弟との相互和親、ヒッタイト本国とタルフンタッシャ副王国との国境などを定めている。

「青銅板文書」（アナトリア文明博物館）

トゥトハリヤは現代の学者に「建設王」と呼ばれるほど、ヒッタイト帝国内の各地に碑文や施設を残している。そこには自分の名をルウィ語象形文字で書き入れているので、トゥトハリヤ四世によるものであると分かる。ヤルブルト、カラクユ、エフラトゥン・プナルにはダムや貯水池を建設し、エミルガズィなどからはその名を刻んだ祭壇が発見されている。また、年代については断定できないが、ファスルラルに放置されている高さ六mの天候神の巨像（未完成）も、トゥトハリヤ時代のものと考えられている。碑文や施設の分布を見ると、ヒッタイト本国の境界、つまりタルフンタッシャ副王国やカルケミシュ副王国との国境に近い場所に置かれたことが分かる。なお首都ハットゥッシャ（ボアズキョイ）の北東二kmの郊外にあるヤズルカヤの岩窟聖所にも、トゥトハリヤの名が刻まれている。ただし、これはトゥトハリヤ自身の建設ではなく、その息子の代に亡きトゥトハリヤのために築かれた廟所《びょうしょ》だった可能性もある。

なお以前は首都ハットゥッシャの「上の町」（南半分）を囲む城壁や、その中の三十余もある神殿群は、全てトゥトハリヤの時代に集中的に建設されたとされていたが、最近の年代測定や考古学研究の進展により、むしろトゥトハリヤの時代にはこの区域は放置され、かつての神殿群の跡地には土器工房があったことが判明している。これは、ムワタリ二世によるタルフンタッシャへの一時的な遷都後、神殿群は放棄され、再建されることがなかったことを示している。つまり、ハットゥッシャの町はむしろ縮小していたらしい。

外交的には、トゥトハリヤ四世の治世にヒッタイトの勢威はむしろ後退した。重要な銅の

トゥトハリヤ4世がカラクユに建設したダムの跡

現在も横たわったままになっているファスルラルの巨像

産地であるキプロス島を征服したという一方で、アッシリアに対しては防戦一方になったらしい。同時代のアッシリア王トゥクルティ・ニヌルタ一世の碑文には、アッシリアがヒッタイトをユーフラテス河上流にあるニヒリヤで破り、捕虜二万八八〇〇人を連れ帰ったと伝えている。アッシリアの脅威に対し、トゥトハリヤは支配下にあったシリアの属国であるウガリットやアムルに対して、アッシリアへの経済封鎖を命じている。一方でそのアムルとウガリットは互いに不仲であり、その王子と王女との離婚紛争にトゥトハリヤが介入した文書も残されている。

また、父の代以来続く西方の不穏な情勢はいまだ変わりなく、「ミラワタ書簡」と呼ばれる粘土板文書には、ヒッタイトの属国だったウィルシャ（イリオス＝トロイアか？）での政情不安や、ヒッタイトの西方属国の不穏な情勢が伝えられている。トゥトハリヤが自身の権威を示す建築物を数多く残したのは、むしろ揺らぐヒッタイト王の権威誇示を狙ってのことだったのかもしれない。

ところで、トゥトハリヤの従兄弟でタルフンタッシャ副王であるクルンティヤは、結局副王という立場には甘んじ得なかったらしい。それを示しているのが、一九九三年にトルコ南部で発見されたハティプ碑文である。岩壁に刻まれたこの碑文には、クルンティヤ自身の姿と共にルウィ語象形文字で「大王ムワタリの息子、大王クルンティヤ」と刻まれている。

「大王」とは、ヒッタイト本国の王の称号である。この碑文はタルフンタッシャとヒッタイト本国の境界に位置しているので、これだけならタルフンタッシャの自国内で「大王」を僭《せん》称《しょう》していただけとも考えられるのだが、その後ボアズキョイでの発掘でも、一点だけではあるが「大王クルンティヤ」の名が入った封泥（印を捺した粘土の塊）が発見されている。トゥトハリヤの治世中なのか、あるいはその死後なのかは分からないが、クルンティヤが首都で大王を名乗った時期があった可能性を窺わせる。

一方で、トゥトハリヤの息子アルヌワンダ三世とシュッピルリウマ二世もヒッタイト王になったことは確実であるため、クルンティヤがヒッタイト王だった期間はいつにせよ、長くはなかったらしい。

アルヌワンダ三世には残された史料が少なく、クルンティヤとの関係ははっきりしない。子供がないまま亡くなったらしく、跡を継いだ弟のシュッピルリウマ二世は、兄の子を宿した女性がいないか探させたという文書が残っている。

内戦・属領の独立・大旱魃による衰退

そのシュッピルリウマ二世が、記録に残る最後のヒッタイト王となった。彼については粘土板文書や碑文がいくつか残っている。その中で特に重要なのが、「南城碑文」と呼ばれる、

シュッピルリウマ２世の「南城碑文」

ハットゥッシャ市内の貯水池の外壁に作られた祠《ほこら》の壁に刻まれたルウィ語象形文字の碑文である。積石が崩落した状態で発見されたこの祠は、一九九二年に積み直され、碑文が解読できるようになった。その中で語られているのは、ルッカ（リュキア地方）などアナトリア南西部にあった国々を討伐したこと、タルフンタッシャを征服し都市を再建したことである。つまり、クルンティヤあるいはその後継者が君臨していたタルフンタッシャと戦争になったと伝えている。

一方、シュッピルリウマがカルケミシュ副王タルミ・テシュプと結んだ条約文も発見されているが、この中では両者はほぼ同格の立場で条約を結んでおり、カルケミシュ副王国がほぼ独立状態にあったことを思わせる。ヒッタイト帝国は、内戦や属領の自立により、もはやかつてのような帝国としての内実が失われていたことはほぼ間違いない。

既にハットゥシリ三世の時代から、ヒッタイトをめぐる外交文書には、ヒッタイトで飢饉や食糧不足が起きていたことを示唆する記述がある。同盟国エジプトや、シリアにある属国に対して、穀物を送るようヒッタイトが要請する文書もみられる。これはあくまで文学的修辞という意見もあるが、最近の古気候学の研究によれば、紀元前十三世紀から数世紀にわたり、長期的な大旱魃《かんばつ》がアナトリアを襲っていたことは間違いないと見られている。

「ウラの町はかくのごとくにせよ。……我が太陽（※ヒッタイト大王）のため食料を備蓄した。我が太陽はムキシュ（※シリアの都市国家）から運ばれる二〇〇〇コル（四五〇トン）の穀物を示した。それを大船と船乗りと共に用意して積み込み、その国に運ばせよ。一度か二度の便船で運べるであろう。船を待たせてはならない！……これは生死に関わることだ」

（RS 20.212：ラス・シャムラ＝ウガリット出土文書）

シュッピルリウマ二世がタルフンタッシャを討伐したのも、海路で穀物を輸入するために、その途中（南）にあるタルフンタッシャを従属させる必要があったためかもしれない。

シュッピルリウマはまた、地中海沿岸で海戦を繰り広げたという。その敵は、かつてはヒッタイトの属国だったアラシヤ（キプロス島またはその都市国家か）の船など海上にいた敵であるという。

「我が父……朕は動員し、朕シュッピルリウマ、大王は、すぐに海を渡った。海で出会ったアラシヤの船と三度戦い、打ち破った。船を奪って火をつけ、海に沈めた。しかし朕が乾いた地に着いた時、おびただしい数のアラシヤの敵が朕に立ち向かって来た」

（KBo XII38：シュッピルリウマの記録＝碑文の原文写し）

「我が父（※カルケミシュ副王）よ、心せよ、敵の船が来た。わが町は焼かれ、我が国に災厄をもたらした。我が軍や戦車は全てハッティの国にあり、我が軍船はすべてルッカにあることを我が父はご存じないのか？……それゆえ、国は放棄された。我が父よ、敵船七隻が襲来して我々に打撃を与えたことを知れ」

（ウガリット王アンムラピ三世がカルケミシュ副王に宛てた書簡）

紀元前一一八〇年頃を最後に、ヒッタイト語の記録は途絶えてしまう。そして、その後のヒッタイト帝国の消息について、我々に残されているのは、ヒッタイトの同盟国だったエジ

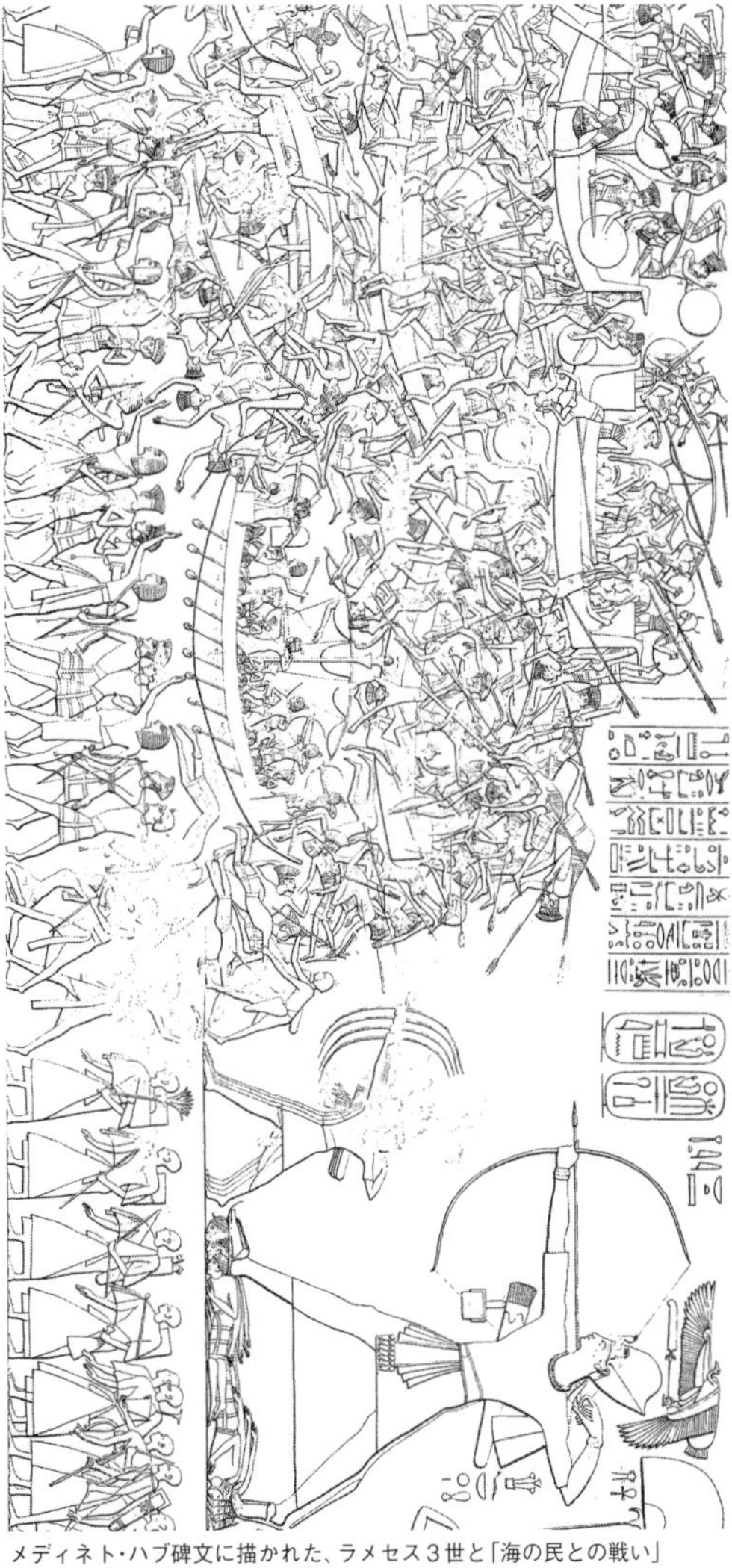

メディネト・ハブ碑文に描かれた、ラメセス３世と「海の民との戦い」

プトのラメセス三世がメディネト・ハブに残した「海の民との戦い」に関する碑文のみである。

「(ラメセス三世)陛下の治世第八年(※紀元前一一七七年)。諸外国(の者ども)は、彼らの島々で謀《はかりごと》をめぐらせた。戦いによって、国々が一挙に蹴散らされた。いかなる国といえども、彼らの両腕の前にたちはだかることは出来なかった。ケタ(※ヒッタイト)にはじまりケディもケルケメシュ(※カルケミシュ)もアルチュもアルスも、……切り刻まれた。(彼らは、)アムルの地に打ち揃って陣を(敷いた?)。彼らは、その(アムルの)人々とその国を存在しなかったかのように荒廃させた。彼らはやって来た。エジプトへ向かう彼らの行く手に火の手が上がった。彼らの同盟は、ペレセト、チェケル、シェケレシュ、デニェ、ウェシェシュからなり、国々は統合されていた(以下略)」

(藤井信之氏による和訳:メディネト・ハブ碑文)

出典:『古代のオリエントと地中海世界(世界史史料 第1巻)』歴史学研究会編(岩波書店)

第六章　ヒッタイトのその後：後期ヒッタイト時代

ヒッタイト滅亡の真相

ヒッタイト帝国は紀元前一二〇〇年頃に滅亡したが、その時期も経緯も、今もって不明なままである。直接的に物語っているのは、前章の末尾に挙げたメディネト・ハブのラメセス三世による碑文のみであり、そこにははっきりと「ヒッタイトは『海の民』なる混成集団に滅ぼされた」と述べられている。果たしてこれは史実なのだろうか。

「海の民」が直接ヒッタイト領内に攻め込んできたのであれば、その証拠となる考古資料も出土するはずである。実際、紀元前一二〇〇年頃を境に、エーゲ海の沿岸から東地中海の沿岸にかけて、「ミケーネⅢC式土器」という、紀元前一二〇〇年以前のミケーネ文明で使われていた彩文土器《さいもんどき》に似たものが広く出土するようになる。ミケーネ文明もヒッタイトと同時期に何者かの攻撃を受けて宮殿が炎上し、その文明が崩壊しているのだが、この彩文土器は「海の民」の移動により各地へ持ち込まれたものと考えられる。ところが、この彩文土器は

■ 赤色彩文土器の分布

◆ 手づくね土器、瘤付土器の分布

アナトリア初期鉄器時代における各種土器と碑文の分布

キプロス島のエンコミ遺跡で出土した長剣（キプロス博物館）

アナトリアでは沿岸部にしか出土せず、内陸ではほとんど出土していない。

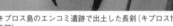

　また、紀元前一二〇〇年頃以降、やはりアナトリア西部や地中海沿岸に、ヨーロッパと共通する青銅製の武器（長剣）や道具が出土するようになり、これはヨーロッパ方面から西アジアへの人間の移動を示す証拠となり得るが、これもヒッタイト本国のアナトリア内陸部では出土しない。つまり、「海の民」の痕跡はヒッタイト本国では確認できないのである。だが、ヒッタイト帝国の末期にボアズキョイ（ハットゥッシャ）などの各都市が炎上しているのはまぎれもない事実である。

　紀元前一二〇〇年頃に始まるヒッタイト帝国後の時代（初期鉄器時代）のアナトリアでは、文字史料はおろか土器も何も見つかっていなかった。そのためこの時代は「暗黒時代」と以前は呼ばれていた。しかし、日本隊が発掘するカマン・カレホユック、ドイツ隊が発掘するボアズキョイ、アメリカ隊が発掘するゴルディオンなどの遺跡で、一九九〇年頃以降、その「暗黒時代」の土器が次々と認識されるようになり、「暗黒時代」はもはや存在しなくなった。これらの成果を整理すると以下の三点になる。

●ヒッタイトの都があったボアズキョイは、帝国滅亡時にいったん完全に放棄されるが、すぐにビュユックカヤ地区において、竪穴《たてあな》住居のような粗末な住居が建てられ、ごく短期間、ヒッタイトの土器に似た土器が使われる（同様の土器は、帝国滅亡直後のクシャックル遺跡でも見つかっている）。やがてそれは赤褐色の顔料を使った手づくね成形の幾何学文様の彩文土器に代わられる。この赤色彩文土器は、「赤い河」に囲まれた地域の北半分に分布する。

●カマン・カレホユックⅡd層からは彩文土器が新たに出土するが、同様の彩文土器の分布域は、同遺跡よりも南側の、主に地中海まで至るアナトリア南部である。建築物には掘立柱を使う特徴がある。

●アナトリア西部のゴルディオン（鉄器時代にはフリュギア王国の都となる）やヒサルルク（ドイツの考古学者シュリーマンが発掘した、伝説上のトロイアと考えられてきた遺跡）のⅦb層

カマン・カレホユックIId層出土の彩文土器（カマン・カレホユック考古学博物館）

では、初期鉄器時代に手づくね成形の土器が新たに出土し（それ以前の土器はろくろ成形）、バルカン半島方面からの移住民により持ち込まれたものと考えられる。これは、フリュギア人がバルカン半島から渡って来たという、古代ギリシャの歴史家ヘロドトス（紀元前五世紀）が著した『歴史』の記述に符合する。なお、フリュギア人はアッシリア側の史料には「ムシュキ」の名で登場する。

こうしてみると、ヒッタイト帝国の滅亡に「海の民」が直接関わったということはほぼ考えられない。しかし、「海の民」による動乱が引き金となって、それまでヒッタイト帝国を支えていた様々な制度（システム）が機能不全を起こし、新たな不和（国民の分断、属国の自立）や争い（内戦）へと連鎖し、帝国が崩壊するに至ったと考えるこ

ヒサルルクVIIb層の土器（イスタンブル考古学博物館）

とができる。

前章で述べたが、ヒッタイト帝国の末期はアナトリアが厳しい旱魃に襲われていた可能性が高く、それもまた帝国を支えていた制度の崩壊の原因となったかもしれない。「海の民」の移動とこうした気候変動は、表裏一体の関係だったのかもしれず、単一の原因に帰することは難しい。

ともあれ、ヒッタイト帝国は滅亡してしまった。しかし実際は、ヒッタイト帝国の流れを汲《く》む文化や人々は、紀元前一二〇〇年より後も生き延びている。ヒッタイト帝国の滅亡と共に滅びたのは、楔形文字によるヒッタイト語（ネシャ語）表記の伝統であり、ヒッタイト帝国の中期から使用が盛んになったルウィ語象形文字による筆記の伝統は、その後約五〇〇年にわたって続いた。これを「後期ヒッタイト」時代と呼ぶ。主な分布域がシリアに移ることから「シロ（シリアの形容詞形）・ヒッタイト」、あるいは「新（ネオ）・ヒッタイト」などと呼ばれることが多い。

主にアナトリア南東部からシリア北部にかけて残されている、このルウィ語象形文字の碑文は、二十世紀末に解読が大きく進んだ。これによって、我々はヒッタイト帝国滅亡後の状況を、ある程度再構築できるようになってきた。

ヒッタイト帝国の本国であったハットゥッシャを中心とする赤い河に囲まれた地域では、帝国滅亡後はルウィ語象形文字で書かれた史料はほとんど存在しない。一方で、アナトリア南部のコンヤ平原、そして南東アナトリアからシリア北西部にかけての地域では、帝国時代には、それぞれヒッタイト王家の分家にあたる、タルフンタッシャ、カルケミシュの両副王国が存在した。この両国は、ヒッタイト帝国の滅亡を乗り越えて、その後も存続していたことが分かって来た。

滅亡後も生き延びた二つの副王国

まず、カルケミシュ副王国であるが、ヒッタイト帝国の最末期、タルミ・テシュプという王がおり、この王がヒッタイト最後の大王シュッピルリウマ二世と対等な条約を結んだことは既に述べた。ユーフラテス河上流にあるリダル・ホユックという遺跡の発掘で、このタル

ギュリュン碑文

ミ・テシュプの息子クズィ・テシュプを名乗る人物の名が刻まれた印影が、一九八五年に出土した。このクズィ・テシュプはシュッピルリウマ二世時代の粘土板文書にも名前が登場している。

一方、アナトリア南東部にあるギュリュン碑文には「ルンティヤス、大王、マラズィ（※のちのマラティヤ）の王、祖父であるカルケミシュの英雄クズィ・テシュプを継ぐ者」と、ルウィ語象形文字で刻まれている。同様に、ダレンデ碑文やイスペクチュル碑文では、アルヌワンティなる人物が同じくマラティヤ王、クズィ・テシュプの孫を自称しており、ルンティヤスの兄弟の可能性も考えられる。

これらの銘文から分かることは、「大王」というヒッタイト帝国の伝統を意識した、大王家（本家）の名乗りが使われていること、カルケミシュ

カルケミシュの支配者ヤリリとその家族の浮彫(アナトリア文明博物館)

副王クズィ・テシュプの孫を名乗る人物が、カルケミシュやマラティヤという、後期ヒッタイト時代の都市国家の支配者になっていることである。クズィ・テシュプ自身が「大王」を名乗っている碑文は見つかっていないため、おそらく彼の子孫の誰かが「大王」を僭称するようになったのであろう。さらに想像すれば、カルケミシュ副王国は紀元前一二〇〇年の動乱を生き延び(メディネト・ハブ碑文では「海の民」に滅ぼされたと書かれているが)、やがてカルケミシュとマラティヤの二国に分裂していき、その過程で「大王」を僭称したことが考えられる。

一方のタルフンタッシャ副王国であるが、こちらはシュッピルリウマ二世の「南城碑文」によれば、ヒッタイト大王家に滅ぼされたことになっている。ところが、トルコ南部のコンヤ平原に聳《そび》え立つクズルダー（赤い山）の山頂には、自然の岩に彫ったルウィ語象形文字碑文が残されており、それは「太陽、大王、ハルタプ、英雄、嵐の神に愛される者、ムルシリの息子、大王、英雄」と書かれている。

ルウィ語象形文字の解読に多大な功績を挙げたイギリスのホーキンズという学者は、この「ムルシリ」をハットゥシリ三世に王位を奪われたムルシリ三世であろうとし、その息子であるハルタプが叔父であるクルンティヤの跡を継いでタルフンタッシャ王となり、ヒッタイト帝国の滅亡後もこの地で王権を維持したのであろう、と結論づけた。

とすれば、ヒッタイト帝国の滅亡に際し、カルケミシュとタルフンタッシャという二つの副王国は存続し、少なくとも紀元前一〇〇〇年頃までヒッタイト王家傍流の伝統を維持したことになる。ただし、この碑文の近くにある王の座像の線刻画は、様式的にどうみてもアッシリアの影響を受ける紀元前八世紀以前には年代付けられないもので、ホーキンズはこれについては、のちの時代の同名の王による再利用であろうと説明した。

実際ハルタプなる人物の名前は、クズルダー以外にもカラダー（黒山）やブルンカヤにある磨崖碑文でも言及されている。二〇一九年になって、クズルダーに程近いテュルクメン・カラホユックという遺跡の近くの用水路内で、ハルタプの名がある新たな石碑が発見された。

この新発見碑文にはクズルダー碑文と同じように、「大王ハルタプがムシュクの王ミタらを打ち破った」と記されていた。「ムシュクの王ミタ」が、アッシリア王サルゴン二世（紀元前八世紀末）の史料に言及される「ムシュキの王ミタ」（フリュギア王ミダス）と同一と考えられることから、ハルタプはやはり紀元前八世紀末の人物ではないかという意見が再び強くなってきている。

だがこれでは、同じルウィ語象形文字が使われているとはいえ、なぜヒッタイト帝国滅亡から約五〇〇年も後の人物が、時代錯誤なヒッタイト帝国期の大王を名乗っているのか説明が難しい。また、クズルダー碑文もテュルクメン・カラホユック碑文も、文字の大部分は線刻だが一部の文字は浮き彫りであり、再利用や時代幅の可能性を排除できない。ヒッタイト帝国滅亡期の状況に対する解釈を左右しかねないこの問題は、しばらく決着しそうにない。

パリシュティンは旧約聖書で言及される民族か

ルウィ語象形文字を使う後期ヒッタイト諸国は、西から順に、タバル、クエ、ヒラック、グルグム、メリド（マリズィ、のちのマラティヤ）、クンムフ（のちのコンマゲネ）、カルケミシュなどという国々が分立していた。さらに南のシリアでは、ウンキ（パッティナ）、ハマトなどの国があった。

ヒッタイト帝国時代のシリアにはセム系の人々が住んでおり、楔形文字を使っていたが、紀元前一二〇〇年頃のヒッタイト帝国の滅亡後になって、ルウィ語象形文字の使用を受け入れ、碑文を残した。

もっとも、ヒッタイト帝国の滅亡と同時期から、この地域には内陸からセム系遊牧民のアラム人と呼ばれる人が移住してきて定住するようになり、住民の多くは徐々にアラム化されていくことになる。アラム人はアラム文字というアルファベットの一種を使っており、ルウィ語象形文字は徐々にこのアラム文字に押されていくのである。

土器からみると、紀元前一二〇〇年の直後の北西シリアには、エーゲ海方面に由来するミケーネⅢC式土器が広く分布するようになる。エーゲ海・ヨーロッパ方面からの新来の人々、アラム人、そして土着のセム系住民は互いに混在しながら、なぜか前時代の宗主国であったヒッタイト帝国が使っていたルウィ語象形文字を選んだらしいのである。

その中でもひときわ興味深いのが、トルコ最南端のアムーク平原を中心に紀元前一〇〇〇年頃に存在した、パリシュティンという国である。この国は東はユーフラテス河、南はハマトまでその領域を広げたらしいのだが、その王はタイタと名乗っている。

シリア北西部にあるアレッポは現在シリア第二の都市であるが、その市街の中心にはアレッポ城が聳えている。一九九六年、このアレッポ城の地下から、後期ヒッタイト時代の神殿

後期ヒッタイト系の都市・遺跡(アラム系都市含む)　▲後期ヒッタイトの碑文・モニュメント
アッシリア帝国の都市・遺跡　下線のある地名　国名・地域名　×古戦場
その他の遺跡　※都市遺跡の括弧内は当時の名称

後期ヒッタイト（紀元前12世紀〜8世紀）遺跡地図

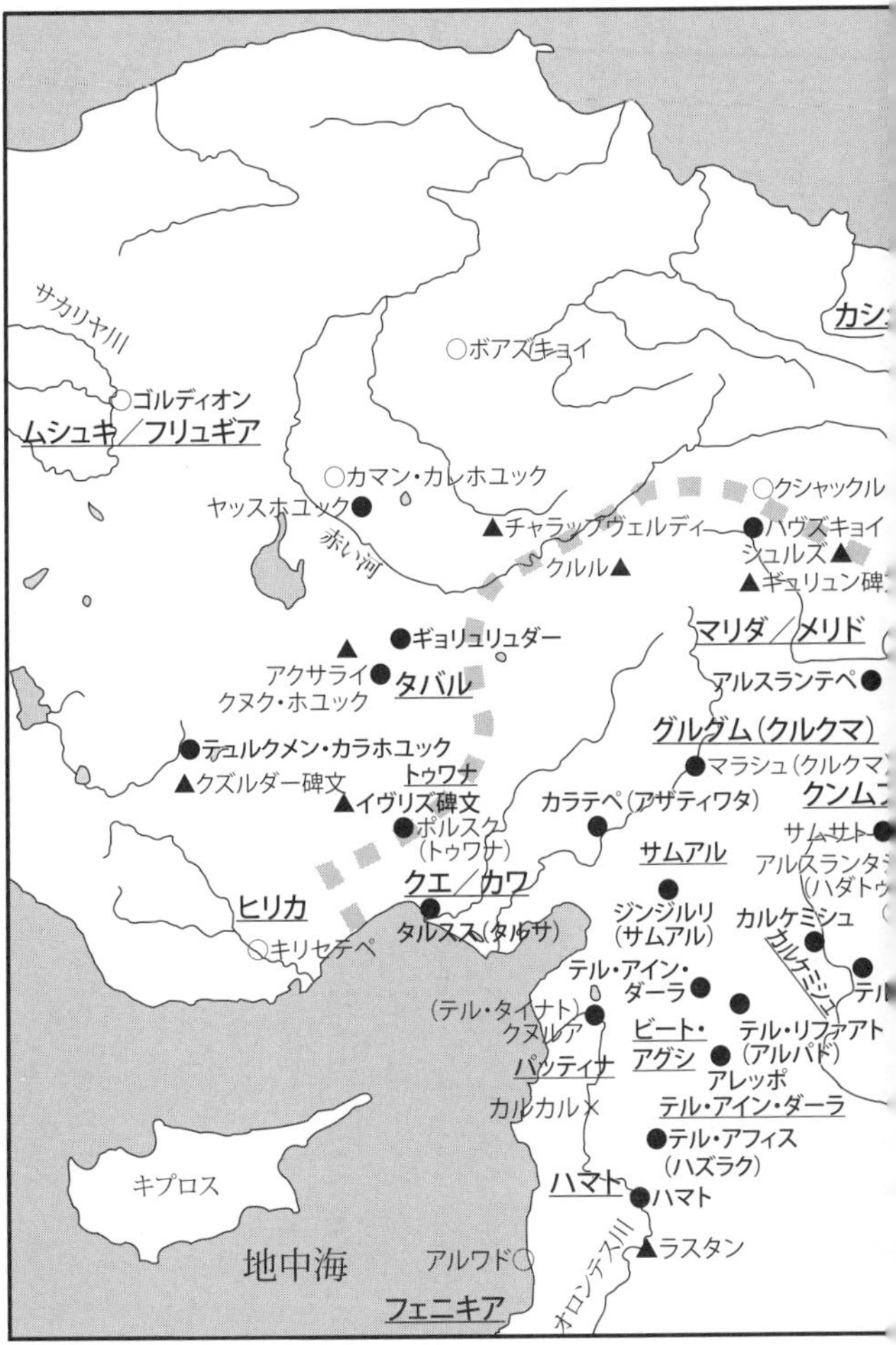

アッシリア帝国の最大領域（サルゴン2世時代、紀元前705年頃）

跡が発見された。この神殿はアレッポがヒッタイト帝国の支配下に入る以前から存在し、ヒッタイト帝国時代には「アレッポの天候神」として篤《あつ》い尊崇《そんすう》を集め、一時はシュッピルリウマ一世の息子テリピヌがアレッポ副王に封じられた地でもある。その神殿に紀元前一〇〇〇年頃、前述のタイタという王がルウィ語象形文字の碑文を寄進している。そこには自らと天候神の姿が共に彫られており、その中で彼は自分の国を「パリシュティン国」と呼んでいる（「ワリシュティン」と読むべきとする説もある）。

パリシュティンとは、エジプトの「海の民」碑文に言及される集団の一つである「ペレセト」、そしてそれがパレスチナ南部に土着し、旧約聖書の中で古代イスラエル民族の宿敵として語られた「ペリシテ人」（「パレスチナ」の語源）という名前と、いかにもよく似ている。なお、タイタという名前は、旧約聖書サムエル記の古代イスラエル王ダビデに関する記述に出てくるハマト王「トイ」と同一人物ではないかとする説もある。

タイタの名が刻まれたルウィ語象形文字碑文は、トルコ最南端のアムーク平原にあるテル・タイナトの遺跡からも発見されている。この遺跡からは宮殿と並んで、やや小ぶりな神殿が発掘されているが、その平面プランは、旧約聖書で語られる、エルサレムの「神殿の丘」にイスラエル王ソロモンが建設したという神殿の間取りとよく似ている。もっとも、この間取りはヒッタイト様式というよりも、青銅器時代からの伝統的なシリアの神殿建築様式

アイン・ダーラ遺跡に残された後期ヒッタイト時代のライオン像。門の両脇を飾っていた

のようである。

旧約聖書で記述されるようなエルサレム神殿が実在したかどうかは不明だが、やはりシリア北西部にあるアイン・ダーラという遺跡では、一九八〇年代に後期ヒッタイト時代の神殿が発掘され、聖書で語られるエルサレム神殿の姿によく似ていると話題になった。なお、この神殿跡は、シリア内戦のさなかの二〇一八年に、爆撃で吹き飛ばされてしまった。

テル・タイナト（クヌルア）はパリシュティンののちにパッティナもしくはウンキという名で伝わる国の中心都市となる。二〇一二年には紀元前九世紀頃の王シュッピルリウマ（アッシリア側史料ではサパルルメ）の巨大な胸像が発見されている。この国は紀元前七三八年にアッシリアに併合

シャルマネセル3世のクルフ碑文（大英博物館）

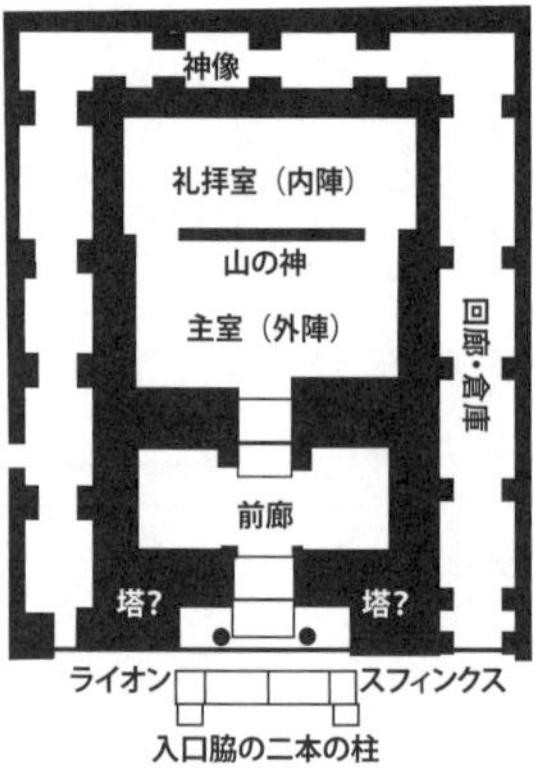

アイン・ダーラ神殿の模式図

されるまで、ルウィ系の名を名乗る王が続いた。

シリア西部のハマには、ハマト王国という後期ヒッタイトの国があった。紀元前九世紀頃、この国にはパリタ、ウルヒリナ、ウラタミという、ルウィ系の名を持つ三代の王が伝えられている。彼らが残した碑文は、十九世紀にオスマン帝国の都イスタンブルの博物館へ運ばれ、それまで完全に忘れ去られていたヒッタイトの学問的研究の始まりとなった。二十世紀初頭の一九〇六年にボアズキョイが発掘され、ヒッタイトの都ハットゥッシャの遺跡であると同定されるまで、古代エジプトやアッシリアの史料に登場するハッティ（ヒッタイト）、あるいは旧約聖書に登場する「ヘテびと」の国は、アナトリアではなくシリアにあったと考えられていたのである。

ウルヒリナ（アッシリア碑文ではイルフレニ）は東方のメソポタミアから侵攻してくるアッシリア帝国に対抗し、北イスラエルの王アハブやダマスカス（アラム）王ベン・ハダド二世らと連合して、紀元前八五三年にシリアのカルカルという場所でこれを迎え撃ったことが、アッシリア王シャルマネセル三世の碑文（クルフ単石碑文）に語られている。

ソロモン王の神殿様式が示すように、後期ヒッタイトやその文化は、古代イスラエル人にとっては隣人のような存在だったといえるだろう。なおウルヒリナの息子ウラタミののち、ハマトの王位はアラム系のザクルという人物に奪われたらしく、この国でのルウィ語象形文字使用の伝統は絶えることになった。そののちハマト王国は紀元前七二〇年にアッシリアに併合された。

アッシリアに併合される後期ヒッタイト諸国

トルコ南部にあるカラテペ（黒い丘）という遺跡では、一九四〇年代からトルコ隊による発掘が開始され、紀元前八世紀にこの地を治めた王アザティワタが残したルウィ語象形文字碑文や、天候神の巨像が発見され、遺跡公園として整備されている。この碑文はフェニキア文字との二言語併記で書かれており、ルウィ語象形文字解読の突破口となった。

紀元前八世紀にシリアにあった後期ヒッタイトの国々ではアラム人が多数派となり、先に紹介したハマトのように、ルウィ系の王を排除してアラム人が王となる国も出てきた。

約五〇〇種の絵文字からなるルウィ語象形文字よりも、文字が二二種類しかないアルファベットであるアラム文字の方が簡便であり、アラム文字の使用が徐々に広まったことは自然なことであろう。

カラテペの二言語併記碑文も、アラム文字と同系統のフェニキア文字の使用が、同地ではもはや一般的になっていたことを示している。ルウィ人の文化は、多数派となったアラム人のそれに同化されていったようである。

それに拍車をかけたのが、東方のメソポタミアから、地中海を目指して支配領域を広げたアッシリア帝国である。紀元前九世紀のアッシュルナツィルパル二世やシャルマネセル三世を皮切りに、歴代のアッシリア王は西方遠征を繰り返し、シリア諸国を属国化した。一時アッシリアが混乱した際には独立を取り戻すこともあったが、シリアにあった後期ヒッタイト諸国は次々とアッシリアの傘下に置かれ、朝貢《ちょうこう》を強いられた。

やがてティグラト・ピレセル三世（紀元前八世紀後半）の時代になると、アッシリアはシリアの属国の直接支配や属州化に乗り出す。のちにイスラエルのユダ王国が「バビロン捕囚」に遭ったように、支配層は地縁から切り離すために強制連行され、アッシリア領内の別

カラテペ碑文（ルウィ語象形文字）

カラテペ碑文（フェニキア語）

の地域（イランなど）に移住させられた。アッシリア帝国は領内に多く住むアラム人のアラム語・アラム文字を第二の行政言語として採用したため、アッシリア帝国支配下でアラム化はますます進んでいった。

後期ヒッタイト時代には、「ハッティ国」という語は、アッシリアにとってもはやかつてのヒッタイト帝国ではなく、カルケミシュとその周囲のごく狭い地域を指す言葉となっていた。トルコとシリアの国境に位置するカルケミシュ遺跡では、二十世紀初頭に大規模な発掘が行われ（その調査団員だったのが、有名な『アラビアのロレンス』こと、トーマス・E・ロレンスである）、現在はイタリア隊が再調査して大きな成果を挙げている。

そのヒッタイト最後の牙城カルケミシュは、既に長らくアッシリアの属国となっていたが、紀元前七一七年、ムシュキ王ミタ（フリュギア王ミダス）と通じて謀反を企てたという嫌疑をかけられ、アッシリア帝国に併合されてしまった。

アナトリアにはまだ後期ヒッタイト諸国が残っていたが、これらも後のアッシリア王たちに次々に支配下に置かれてゆき、ヒッタイトの伝統を引き継ぐ国も文化も、紀元前七世紀頃には完全に消滅してしまう。アナトリアに最初の文字使用の伝統を持ち込んだのはアッシリア商人だったが、アナトリアで生まれたヒッタイトの文化を消滅に追い込んだのも、またア

ゴルディオンやウラルトゥの遺跡から出土する銅製大鍋。同様のものはギリシャやイタリアでも出土する（アナトリア文明博物館）

ッシリアであった。

なお、後期ヒッタイトは、「ビート・ヒラニ」と呼ばれる建築様式でアッシリアに影響を及ぼしたという。また、後期ヒッタイト起源の金属工芸は、フリュギアやフェニキアにも影響を及ぼし、そうした製品は、さらに西のギリシャ、エトルリアにまで分布が及んでいる。

しかし、ヒッタイトの歴史のみならずその名さえも、十九世紀に再発見され始めるまで、旧約聖書での断片的な言及を除いて、忘却の彼方に置かれたのである。

第七章　ヒッタイトの国家と社会

王子、妃も神官として重要な役割を担う

ヒッタイト帝国は、紀元前十七世紀半ば頃の建国から紀元前十二世紀終わり頃の滅亡まで、代々一人の王（タバルナ tabarna）によって支配されていた。各地方都市にも王を名乗る人物がいたことから考えて、首都ハットゥッシャに君臨する王は「大王」として、他と区別して呼ばれるべきであろう。実際に紀元前十四世紀以降にヒッタイト帝国で使われるようになったルウィ語象形文字では、ハットゥッシャの王の称号には、「王」を意味する三角形の文字の上に、「大きい」を意味する笠のような文字が載せられており「大王」と読める。

建国初期（ヒッタイト古王国）のヒッタイト王、特にハットゥシリ一世やその孫ムルシリ一世は、攻撃的で軍事指導者的な性格が強かった。これは裏を返せばハットゥッシャの大王が数ある都市にいた諸王のいわば「第一人者」に過ぎなかったことを示している。つまり個人的カリスマを発揮して「強き戦士」としての大王のイメージを確立し、軍事的成功によ

り、資源・財産を外国から獲得して国民・同盟者・敵を圧し、大王位の正当性を誇示する必要があったといえるだろう。これは古代メソポタミア文明初期の都市国家の王にも通じる古代オリエントの王の伝統的イメージでもある。

実際、古ヒッタイト時代での王権の行使は、王族の他王宮の奉公人、盃《さかずき》持ち、机運び人、調理人、廷臣、小姓、千人長から構成される会議「パンク」や「トゥリア」と呼ばれた元老院に諸事を諮ることが定められていた。これをもって古ヒッタイトの王権は中世ヨーロッパのドイツにあったような選挙王制であったとする意見もあったが、現在は支持されていない。やがて中期ヒッタイト時代以降新王国時代（帝国期）に至るまで、パンクやトゥリアは姿を消し、大王の独裁体制が完成していき、大王位をめぐる争いは比較的少なくなった。

軍事的成功は臣下の戦士たちのみならず、神々の恩寵を保証するものでもあった。戦争捕虜による奴隷、略奪した家畜などの財産、及び土地を分け与え、また神に奉納することが王の責務とされ、神には最大の戦利品である神殿や宮殿を奉納することが義務付けられていた。王は軍事的指導者であると同時に、宗教的・法的代表者（権威）でもあり、その地位は神により保証され、神の代理として現生に君臨していたのである。「私、王に太陽女神と天候神が我が領土と我が家を託された」とのハットゥシリ一世の言葉がある。そして王権の正当化には神に対する奉仕が不可欠であった。

ただし、王はあくまで宗教行為の主催者であり、祭儀自体は神官たちに委ねられていたため、神官王であったわけではなく、王は神に直に接するとはいえ、神の一員というわけではない。王は国土・国民の幸福に責任を持ち、道徳的であることが要求された。古ヒッタイト時代の文書に登場する「飢えたる者に食事を、渇きたる者に水を、凍えるものに衣服を」という言葉は、古代オリエントに通底する支配者理念である。図像において王は正義(handantatar)の象徴である先の曲がった杖(GIŠ kalmuš)を持つ姿で表現された。

各王はそれぞれに守り神を選んで崇拝していたが(ムルシリ二世はアリンナの太陽女神、ムワタリ二世は雷神、ハットゥシリ三世はイシュタル女神、トゥトハリヤ四世はシャルマ神といった具合)、王はあくまで「全ての神々に愛される者」として、あらゆる神々に対する儀礼を司《つかさど》ることになっていた。


国事上で重要な意味を持っていた宗教祭儀であるが、シュッピルリウマ一世の息子テリピヌがキズワトナの最高神官に就任したように、王族はしばしば高位の神官に就任した。また国土の拡大と共に高位の官職が専門化し数も増加したが、その任命は王自身が行い、多くの場合王族が任命された。

ヤズルカヤのトゥトハリヤ４世の浮彫。正義の象徴である先の曲がった杖を持つ

官位としては近衛隊長（GAL MEŠEDI）が最高官であり（なお、ヒッタイト学では、外来語であるシュメール語の単語はラテン文字転写の際に全て大文字で書いて区別する。これをスメログラムと呼ぶ）、王の弟や王子が任命されるのが通常である。また、シュッピルリウマ一世は広大になった国土を統治するため、北シリアのアレッポとカルケミシュに副王をおき、王子テリピヌとシャリ・クシュフを任命している。

王子が大使として外交を行うこともあった。ハットゥシリ三世の王子ヒシュミ・シャルマ（トゥトハリヤ四世）はエジプトに派遣され、ヒッタイトへの食糧支援を交渉している。またハットゥシリ三世の王子ネリッカリや、シュッピルリウマ一世の王子ザナンザのように、政略結婚に利用される場合もあった。王女の場合も然りである。

大王が子孫を確実に残すため側室も置かれた。ただし古王国時代末期のテリピヌ王が定めたテリピヌ勅令では、「第一級の王子があれば、その王子が（次代の）王となる。第一級の王子がいなければ、第二級の王子が王となる。王子がいなければ、第一級の王女（massanauzzi または massana-IR-i）に婿を取り、王とすべし」と定められており、非嫡出の王子は DUMU. LUGAL（王の息子）と呼ばれ、王族扱いはされたものの王位継承は期待できず、高級官僚・知事クラスへの任命が期待できる程度だった。ムルシリ三世が叔父ハットゥシリ三世に王位を奪われた場では、母の出身が卑しいということが簒奪の正当化に利用されている。一方、王女との結婚は臣下にとっては出世の糸口となり得た。

大王妃（タワナンナ tawananna）も神官に就任し、その地位は配偶者が死んだ後も継続され、例えばシュッピルリウマ一世妃が義理の息子ムルシリ二世と対立し、追放される事態に至ったこともあった。また、ハットゥシリ三世の妃プドゥヘパは、キズワトナ国の大神官の娘という出身であったが、大王妃及び神官として、急速に拡大したヒッタイト帝国の領国内にあるヒッタイト系、ハッティ系、そして新たにフリ系の神々を加えて習合したパンテオン（神々の世界）を再編成したとも考えられている。

王は法的権威として支配下の属国同士の紛争（婚姻など個人的問題も含む）をも「法廷」で仲裁したが、法廷業務の多くは王族などが代行することが多かった。前述のプドゥヘパは夫ハットゥシリ三世の即位当初から法的権威を共有し、夫の死後も属国同士の紛争を裁定して、属国から大王に対する称号「我が太陽」と呼びかけられたりもしている。

地方と王との通信に欠かせなかった書記

ヒッタイト帝国の行政システムを支えていたのが、文字を操る書記たちであった。文書の発信者である王自らが文字を読めたかどうかは定かではないが、高度で長期間の訓練を必要とする当時の楔形文字の書記システムにおいては読めなかった可能性が高いだろう。

クシャックル発掘隊のマーク。中央の円の中ではルウィ語象形文字で、下にはヒッタイト語楔形文字で、それぞれ「サリッサの王」と書いてある

文字といえば、ヒッタイト帝国で主に使われていたのはバビロニア式（南部アッカド語方言）の楔形文字である。もちろんインド＝ヨーロッパ語族系言語であるヒッタイト語（ネシャ語）と、セム語族系言語であるバビロニア語は文法も語彙も全く違うのだが、楔形文字を表音文字として借用してヒッタイト語の楔形文字表記に使用していたのである。

　ヒッタイト帝国内には、ヒッタイト語の他にルウィ語、パラー語といったヒッタイト語と親縁関係にあるインド＝ヨーロッパ語族系の言語（「印欧アナトリア諸語」と総称される）が存在したが、それらの言語で書かれた楔形文字も存在する。

　このうち、アナトリアの西部や南部に広く分布していたルウィ語に関しては、独自の象形文字をヒッタイト帝国の建国以前から持っていた。紀元前十四世紀以降、ヒッタイト帝国では楔形文字とならんでルウィ語象形文字が採用され、当初は印章の銘文に、さらには帝国末期の紀元前十三世紀以降に登場した磨崖碑文において、ルウィ語象形文字が使われた。紀元前一二〇〇年頃にヒッタイト帝国が滅亡してヒッタイト語楔形文字の使用が途絶えたのちも、南東アナトリアやシリア北部でルウィ語象形文字碑文の伝統が約五〇〇年にわたり存続した（後期ヒッタイト）ことは、第六章で述べた通りである。

さらに、ヒッタイト以前のアナトリアで話されていたハッティ語、ヒッタイト帝国の拡大と共に領内に取り込まれていったフリ語の楔形文字文書もある。いずれも言語系統が不明なのだが、どちらの言語も特に宗教祭儀の分野でヒッタイト帝国により大きく採用された。

またヒッタイト帝国は先進文明地帯であるメソポタミアの影響を受けていたため、シュメール語やバビロニア語の文書を筆写し、その単語も借用していた。特にシュメール語は文書の中でそのまま書かれることが多く（前述のスメログラム）、あたかも現代日本語の文書に漢語（漢字）と仮名文字が混在するのとよく似た使用法であった。シュメール語で表記された単語もヒッタイト語で別の読み方がされていたはずだが、ヒッタイト語での発音が分からない単語が多い。

ヒッタイトの粘土板文書は、公的文書ばかりで私的文書がなく、その大部分を宗教文書が占めるという特徴がある。ヒッタイト文書の二五％以上は神事の式次第を記したものであり、供物の量、神々の名が事細かに記録されている。もし遺跡でヒッタイト語の粘土板文書を拾って、「それはどういう内容なのか」と問われたら、ヒッタイト語が読めなくても「宗教文書」と答えておけば間違いはない、というジョークがあるほどである。行政文書、経済文書が極めて限られているのである。

ヒッタイトの楔形文字粘土板文書については、フランスの学者E・ラローシュが編纂した*Catalogue des Textes Hittites*（ヒッタイト文書集成）というものがあり、文書の内容によりCTHという頭文字のあとに数字をつけた番号で分類されている。ラローシュの死後、現在も集成は続けられており、現在八三三番までつけられている。それらは大別すると異本（同内容が書かれた複数の粘土板文書）が存在するグループと、異本がなく一点ずつの粘土板文書しかないものに分かれる。このリストは現在、ドイツのヴュルツブルク大学のインターネットサイトで公開されている（https://www.hethport.uni-wuerzburg.de/CTH/）。

異本があるグループには歴史記述、条約・勅令（CTH1-147、211-216）、各種規定（251-275）、法律（291-292）、天体占い（記録）（531-535）、賛歌と祈禱（371-389）、祭礼・儀礼（390-500）、アナトリア由来の神話（321-338）、外来の神話（341-369）、ハッティ語・パラー語・ルウィ語・フリ語文書（725-791）、馬調教文書（284-287）、語彙リスト（辞書）（299-309）、シュメール語・アッカド語文書（310-316、792-819）がある。一方、異本のない文書群には、書簡（151-210）、土地贈与文書（221-225）、リスト・名簿（231-239）、経済行政文書（240-250）、裁判証言記録（293-297）、宗教儀礼の奉納目録（501-530）、天体以外の占い（536-560）、神託記録（561-582）、宣誓（583-590）、文書目録・配架リスト（276-282）、粘土板収集のラベル（283）がある。

メソポタミア文明の粘土板文書は紀元前三〇〇〇年頃の成立段階から圧倒的に私的な経済文書で占められており、紀元前二千年紀初頭にアナトリアに来たアッシリア商人の文書でも同様であった。それに対し、ヒッタイト文書はほとんどが宗教文書であり、古ヒッタイト時代の土地贈与文書を除くと経済文書がない。これはなぜだろうか。そもそも存在しなかったとは考えにくい。

イナンドゥクで出土した土地贈与文書（アナトリア文明博物館）

その答えとなるのが、ボアズキョイから大量に出土した、ブッラ（泥めんこのような、捺印された小さい粘土塊）である。一九九一年、ボアズキョイ・ビュユックカレ（王宮跡）

のやや南の斜面から、帝国期後半（紀元前十三世紀）を中心とする約三〇〇〇点のブッラが集中して出土した。そこは文書の保管庫と思《おぼ》しき場所であったが、粘土板文書は出土しなかった。

古ヒッタイト時代の土地贈与文書（枕のように中央に厚みがあり、中央にスタンプで捺印されている）には、粘土板の下端に紐が挿《さ》されていた跡があり、その紐の先端にはブッラが結わえられていたらしい。その後時代が下り紀元前十五世紀以降から、宗教関連文書を除く多くの文書が、「木の板」と呼ばれたワックス・タブレット（木の板にロウを塗り、先端の尖った金属でロウを引っ掻いて字を記す器具。ローマ時代にも存在する）への記載に移行したらしい。ワックス・タブレット自体は土中で腐朽《ふきゅう》してしまい残らないが、土製であるブッラのみは残存して出土するというわけである。

首都ハットゥッシャの天候神の神殿には、五二人の書記が勤務していたと伝わっている。書記は書写、文書の管理、速記を業務とし、その中の限られた者が高級官僚として宮廷に仕え、特に外交問題などで王の諮問を受けた。書記長（GAL.DUB.SAR.MEŠ）は王、王妃、王子、王族に次ぐ権勢を誇り、ときに「王子」の称号を贈られた。もっとも出世した書記の例として、ムワタリ二世時代の大書記官ミッタワムナがおり、首都がタルフンタッシャに遷ったあとの旧都ハットゥッシャの行政をハットゥッシャ市長（Hazannu）として委任された。

帝国期の王たちの捺印がある封泥（ブッラ）と、古ヒッタイト時代の土地贈与文書（中央下）（イスタンブル空港博物館）

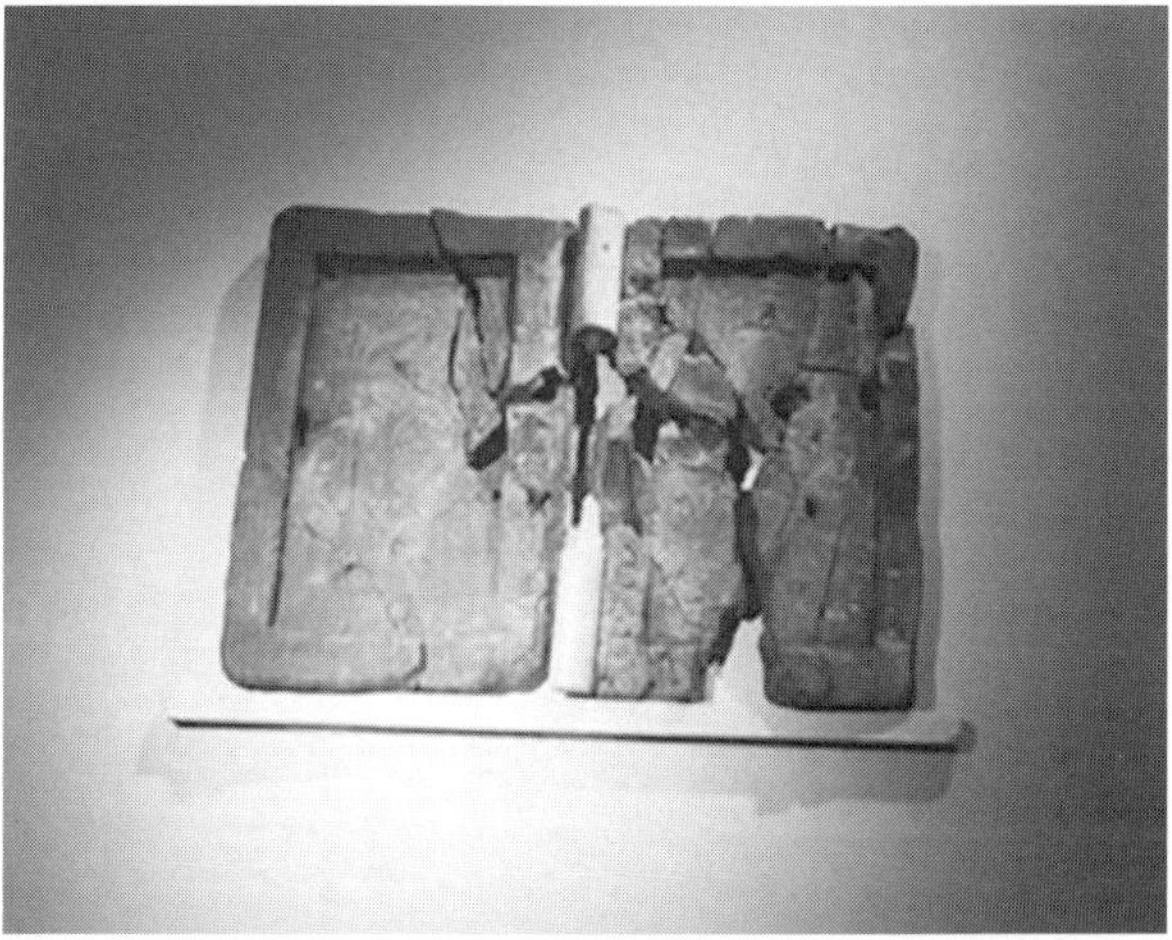

ウルブルン沈没船から出土したワックス・タブレット（ボドルム水中考古学博物館）

なお市長には下に二人の町奉行（LU.MEŠ MAŠKIM.URU-LIM）が付き、それぞれの管轄地区を統括した。

官位の多くは王自らが任命したが、役職者と王との通信を担っていたのが書記である。地方官の最重要官位の一つに *bēl madgalti*（アッカド語起源の言葉なので、ラテン文字転写の際は斜体で記す。ヒッタイト語では auriyas ishas）というものがあり、直訳すると「塔の主」、現代風にいえば「知事」と訳せるが、辺境地帯の治安維持・防衛を任される要職である。他にも「封印の家」の管理人（$^{\text{LU. MEŠ}}$AGRIG）と呼ばれた、王の腹心から選抜し各所に配置された財務官、王の兄弟や王子が就任し、大きな影響力を持つ近衛隊長（GAL MEŠEDI）、献酌官（GAL GEŠTIN）と呼ばれる侍従長もしくは側用人（のちに軍司令官と同義になる）などの要職があった。

マシャットホユック（古代名タピッガ）からは紀元前十四世紀の粘土板文書一一六点が出土したが、そのうち九六点が大王から軍監察官やタピッガ知事に宛てられた書簡であり、地方行政の実態を示す貴重な史料となっている。知事は毎夕の城門の閉鎖、木材の供給、火災の際の貴重品の搬出、街道の監視、収穫の進捗報告、あらゆるインフラ管理、徴税、司法、巡視など多くの役割を負い、何よりタピッガはカシュカ族への最前線として重要な防衛拠点であった。ボアズキョイを除けば、数千枚規模の粘土板文書が出土したのは、王が滞在する

マシャットホユック出土の粘土板文書(アナトリア文明博物館)

王宮都市(副都)とも目されているオルタキョイ(古代名シャピヌワ)くらいである。

都市は周囲の集落の中心としても機能しており、集落ごとに長老会があり、司法・宗教行為を司り、地域の中心都市にいる知事と連絡を取っていた。長老たちの管轄は村からおよそ五㎞範囲内の農場・農家に及んだと思われる。こうした「村の長老」は土地の有効利用や徴税管理、地主と小作人の紛争調停も行った。深刻な問題の場合は知事の裁定に委ねられることもあった。王は知事の裁定を指導し、富裕者に偏った裁定が行われないよう監視した。さらに上訴も行われ、王自らが裁定する場合もあったようである。

ヒッタイト帝国における土地所有は、小土地所有が多く、牛、羊、豚、ヤギなどの家畜や穀物栽培・菜園・果樹園の混合農業を生業《なりわい》とする小規模自営農民が主体であったと考えられている。多くの場合は共有地や富裕農民から土地を借りて耕作していたらしい。数は多くはないが土地贈与文書が残っており、大土地所有者には功労(行政・戦功)に対し王から土地を贈与されたのであろう。また大土地所有者には神官も多い。土地所有者は貢納（作物および労役）義務を負っていた。

物の価格から民法、刑法までを扱うヒッタイト法典

ヒッタイトの社会を物語る重要資料として、ヒッタイト法典がある。全二〇〇条からなり、最初は古ヒッタイト時代のテリピヌ王の頃までに制定され、その後トゥトハリヤ四世時代にも改訂されたらしい。何度かの改訂が行われており、改訂により概ね刑罰が軽くされ、現物による補償から金銭（銀）による補償へ移行する傾向がある。裁判官（^{LÚ}DUGUD）や裁判を行う地方官吏（^{LÚ}MAŠKIM. URU^{KI}、アッカド語 *rabisu*）がおり、一定の法に基づいて紛争を解決していた。

また法典により物価も定められており、初期の法典の場合、例えば銀一シェケル（一一・五g）で買えるものとして、ワイン二パリス（一パリスは大甕《おおがめ》一個分＝約四〇〜五〇ℓ）、小麦三パリス、大麦六パリス、銅一六〇シェケル、都市から近い農地三分の一イク（一イクは〇・三六ha）、都市から遠い農地三分の二イク、僻地《へきち》の農地一イク、牛二頭の借り賃一二日分、牛犂《ぎゅうすき》用の牛一頭の借り賃三〇日分、男性労働者一人の収穫作業借り賃一八日分、女性労働者の借り賃三〇日分といった具合である。また牛一頭は性別や年齢により四〜一五シェケル、羊一頭は一シェケル、ヤギ一頭は二シェケル、馬一頭は一四シェケルと定められてい

た。

法典というよりは判例集に近いものであるが、有名なハンムラビ法典（紀元前一七五〇年頃）とは大きな差異がある。まず同害復讐法が存在せず、被害者に対する補償が前面に押し出されている（自由民同士の傷害罪の賠償額は二〇シェケル）。ただし身分や罪の大きさにより判決には揺れがあった。また法律が扱う犯罪の内容は、過失による殺人、傷害、誘拐、窃盗、器物損壊、呪詛、不当な性的関係などにわたる。また婚姻に関わる民法、物価の規定も含まれている。ただし刑法の範囲は限定的で（強姦に関しては一条しかない）、商法や相続法も未整備であるため、そのような案件は成文法ではなく慣習法で裁かれたものと推測されている。

ヒッタイト法典文書（イスタンブル考古学博物館）

ヒッタイト社会にも奴隷は存在した。奴隷は奴隷市場から買われたり、負債により奴隷に身をやつしたりする場合もあった。後者の場合、親類縁者による代理返済で自由民に戻れたものと思われる。また殺人罪を犯した者はその被害者の一族の奴隷とされることもあった。後期のヒッタイト法典では、非熟練奴隷は男女問わず銀二〇シェケル（馬と同じ値段）、占いに通じた奴隷は二五シェケル、陶工、鍛冶師、大工、皮職人、織師などの技能をもつ奴隷は銀三〇シェケルが支払われた。

自由民と奴隷では判決に差異があり、奴隷に対する傷害罪は（奴隷本人ではなく）その主人に対して補償することが定められている。奴隷同士の婚姻のみならず、奴隷と自由民の結婚も禁止されてはいなかった。ただし、自由民の女と結婚しても、奴隷の身分は変わらないなど、厳しい差別は存在した。一定の権利があるとはいえ、所有者たる主人が奴隷の生殺与奪の権を握っており、「奴隷が主人の怒りを買った場合、その者は殺されるか鼻、目、耳のいずれかを失う。奴隷の家族、つまり妻、子供、兄弟、姉妹、義理の兄弟は、男女を問わず、（中略）主人が死を望むなら共に死ぬだろう」という条文は、奴隷の立場の厳しさを物語る。

最大の奴隷供給源は、戦争による捕虜や強制連行された敵地の住民であり、NAM.RAと呼ばれた。NAM.RAの多くは王の所有とされ、神殿や軍務、辺境地への入植などに利用された。

第八章　ヒッタイトの宗教と神々

敵国の神も取り込んだ「千の神々」の世界

先の章で述べたが、ヒッタイト王は神の意志と保護を受けて国家に君臨していたため、その祭祀《さいし》は国事の中でも最優先事項であり、ときに軍事活動よりも優先されたほどである。王権の正当化には神々への奉仕が不可欠であり、王には神に対して供物を捧げる数多くの儀礼を行う義務があった。もし不浄な供物を捧げたり、例えば遠征などで長期の留守などのために儀礼を怠ったりすると、神罰（不作、疫病）が下ると恐れられた。そのため神々の機嫌を窺う占いも行われた。

その在位期間中の多くが疫病に見舞われ、多くの国民が死んだムルシリ二世（紀元前一三〇〇年前後）はその最たるもので、即位前から続く疫病が収まらず、ムルシリは神託でこの災難がなぜ降りかかったのかを問うている。答えはムルシリの父シュッピルリウマ一世が、兄弟である先王を殺して即位するなどの悪行を行った報いというものであった。ムルシリは

占いに使われた動物の肝臓の模型（アナトリア文明博物館）

穢《けが》れを祓《はら》う祭儀を行ったが、なお疫病は収まらず、神々に恨み言とさえいえる文書を残している。「ハッティ国は皆死んでしまい誰もおらず、あなた方（神々）に食べ物や飲み物を捧げる者もいなくなった。神の畑を耕し収穫を得る者共は死んだ。供物のパンの粉を挽く者共も死に、供物のパンは作れなくなった」とのムルシリの言葉には、王と神々との相互関係を窺わせる。

ヒッタイト帝国では王自身は神ではなく、あくまで神々の代理人のような立場であるが、王が死去した場合は「神になる」と表現され、神々の世界に連なると考えられたようである。例外的に、ハットゥシリ一世、トゥトハリヤ一世、シュッピルリウマ一世のような英主は、生前からその像（おそらく木像）が作られ、神のように崇められていたようだが、実物は残っていない。

ヒッタイトの神々の世界や宗教の全般的な特徴として、自然への畏敬（これは古代オリエントの共通する観念である）、そして自然界の神々を鎮め祀《まつ》るための祭礼と施設（屋外モニュメント）が多い点がある。これはヒッタイト帝国の根幹を支えていた生産システムが、揺らぎの大きい天水農耕（雪融け水や雨水頼み）ということとも大いに関係していたであろう。

もう一つの特徴は、ヒッタイトの代名詞ともいえる「ハッティの千の神々」という、神の多さと多様性である。実際は一〇〇〇よりもやや少ないが、アナトリアの多様な自然環境には都市、山、泉など様々な場所に神がいると考えられていた。そしてその神の起源も、ヒッタイト帝国成立以前のハッティ人（第一章参照）の神々、ヒッタイト人（ネシャ語を使う人々）の神々、ヒッタイトと言語的に近いルウィ人の神々、そして征服により新たにヒッタイト帝国に加えられたフリ人の神々と、極めて多様だった。特にかつては敵国民だったフリ人の神々は、ヒッタイト帝国の末期にはむしろ主要な地位を占めるようになった。

ヒッタイトが帝国を建設できた理由として、よく「鉄と軽戦車（チャリオット）」が挙げられる。その見解が正しいとしても、それは軍事技術的な分野に限った話である。実のところ、アナトリアの多様な民族を取りまとめることができたこと、とりわけ被征服民の神々を自らの神々の世界に取り込む（習合）ことでそれを実現したことが、もっとも重要な鍵だっ

伝デヴレッキ出土の天候神像（アナトリア文明博物館）

たのではないかと筆者は考えている。それがヒッタイトの強みであり、あくまで推測ではあるが、滅亡の際には急所になったのかもしれない。

ヒッタイト帝国の神々の世界は、その数百年間の歴史の中で変化している。古ヒッタイト時代はヒッタイト帝国の発祥の地であるハッティ（「赤い河」に囲まれた地域）の地の神々である。その最高神はハッティの天候神であり、ヒッタイト語でタルフンナ、ハッティ語でタルと呼ばれていた。ハットゥシリ一世の時代に、アリンナの太陽女神が最高神に加えられ、また天候神はヒッタイト語に加えルウィ語でタルフンタと呼ばれ、雄牛に乗った姿で表現された。ヒッタイト帝国のシリア方面への拡張に伴って神々の世界も拡大し、ハッティ起源の農耕神テリピヌ、戦と愛の女神、疫病の神イヤリ、川の神、泉の神、山の神、野獣と狩猟の神々などが加えられた。

中期ヒッタイト時代以降には、ミタンニ王国で崇拝されていたフリ系の神々が新たに加え

2頭の雄牛が牽く戦車に乗る天候神（左端）と、天候神（中央）に対し礼拝する王たち。アルスランテペ出土（アナトリア文明博物館）

られた。特に重要なのが天候神テシュプ、その妻の太陽女神ヘパト、テシュプの姉妹で戦と愛の女神シャウシュカ（北メソポタミアのニネヴェの女神イシュタルと同一）であり、テシュプはハッティの天候神と、ヘパトはアリンナの太陽女神とそれぞれ同一視され、最高神となる。この時期にヒッタイト帝国の神々の世界は「千の神々」に近い様相となった。こうした神々の世界の再編成により、当初ヘパトの配偶神とされていたシャルマ神が、その息子と呼びかえられたりもした。

最高神であるタルフンナ／タルフンタ／テシュプ神は、雄牛の背に立った姿の他、二頭の雄牛（シェリとフリという名がある）が牽く戦車に乗る姿でも表現される。天候神は雷、稲妻、雨、嵐を引き起こすが、雷は二頭の雄牛が牽く車輪の音と考えられたのである。ただしルウィ語系の誓約儀

ボアズキョイで出土した、天候神の戦車を牽く２頭の雄牛フリとシェリを象った容器（アナトリア文明博物館）

礼には、メソポタミアと同様に、天候神は牛ではなく馬が牽く戦車に乗っていたとする例もある。降水を司る天候神は農耕の恵みをもたらす神でもあり、天水農耕地域であるアナトリアでは、人間の生活を左右する死活的に重要な神であった。

天候神の姉妹とされたイシュタルは、シュメール神話のイナンナと同一の女神である。メソポタミアの伝統に則《のっと》り、そのシンボルは金星であり、明けの明星は戦の、宵の明星は性愛のシンボルとされていた。

ヒッタイト神話は、インド＝ヨーロッパ語族（ヒッタイト人）に起源があるとされる要素（天候神によるイルヤンカ竜退治）、アナトリアの伝統的な地母神信仰（地の太陽女神）、フリ人などメソポタミア・シリア起源の要素、そして古代ギリシャ神話に通じる内容（クマルビ詩歌集にみられる、神々の世代対立）など、大変興味深いのだが、筆者の専門分野や能力の範囲を超えているため、本書ではその内容については取り上げない。

アッシリア帝国にも採用された神殿建築様式

ヒッタイトの暦には年間一六五もの祭礼があり、供物等に要するその経済的支出は大変なものであったろう。その多くは毎年、またはそれ以上の頻度で開催された。祭礼の期間は短くて数時間、長いものは一月以上に及び、王が全てを主催するのは不可能なので、王族などの代理に行わせることもあった。また、巡幸が難しい場合は神託で不機嫌な神の名を尋ね、祭儀を執り行った。

祭礼には首都ハットゥッシャのみならず他の都市や聖所への巡幸も含まれており、これには視察や示威《じい》、慰撫《いぶ》といった現実的な意味もあったであろう。そして私たちが「ヒッタイト神話」として知っている物語は、神話物語や文学作品として書かれたものというよりも、祭礼において実際に神話場面を再現した式次第や賛歌として書かれた記録に基づいている。

ヒッタイト帝国の二大祭礼は春のAN.TAḪ.ŠUM祭と、秋のnuntarriyashas祭であった。これらはいわば国家的な豊作祈願祭と収穫感謝祭といえる。もっとも重要な春と秋の大祭には軍事行動を中断してまでも王自身が執り行うことが求められた。

前者はシュメール語（スメログラム）による名称で、春の訪れを象徴する植物（クロッカスもしくはウイキョウと推測される）の名であり、祭礼中に一ミナ（約五〇〇g）以上もある金で作ったこの植物の模造品が神々に捧げられたのでこの名がある。AN.TAḪ.ŠUM祭は三五

〜四〇日にわたって開催され、首都ハットゥッシャの他、ティップナ、アリンナ、タウィニヤ、ハイッタ、ピスクルヌワ山、ハラナッサ、ジッパランダ、タハ山、アンクワ（これらの町や聖所が実際のどの場所・遺跡にあたるのかはほとんど確定していない）への、大王や大王妃による巡幸や、各地の神々（アリンナの太陽女神をはじめ、各都市で崇拝されていた地元の神など）への祭儀を伴う大規模なものであった。

ハットゥッシャで行われた重要な祭礼に、KI.LAM祭がある。この名はシュメール語での表記で「門の建物」という意味で、ハッティ人の祭礼に起源があり、ヒッタイト語ではhilammarと呼ばれたらしい。祭礼は三日間にわたり、王と王妃が主にハットゥッシャ市内の神殿（他の都市の神が祀られていた）や城門を回って扉の神に供物を捧げるというものであり、裸の人間や動物、あるいはその像に湧水（清めの水）をかける他、演奏、踊り、盛大な行列を伴う。農耕や狩猟の恵みを祈願する祭りであり、ヒョウやイヌに扮した人物が登場したり、槍（鉄製や金製）や斧（天候神のシンボル）が登場した。

他の重要な祭礼として、ハットゥッシャからアリンナ（遺跡不明）、ジッパランダ（現在のウシャックル・ホユックと考えられる）、ネリク（同じくオイマアアチ遺跡か）などの都市を一月にわたり巡幸するプルリ（もしくはプルリヤ）祭があり、これは先住民と思われるハッテ

天候神とその息子シャルマに退治されるイルヤンカ竜を描いた浮彫。アルスランテペ出土（アナトリア文明博物館）

ィ人に起源をもつ祭礼であり、賛歌がハッティ語で歌われた。この祭礼は春（新年）の祭礼であり、天候神テシュプがイルヤンカ竜を倒したという神話上の逸話に対して捧げられるもので（朗読や演技により神話のストーリーが再現される）、厳しい冬の終わりと春から始まる農繁期がもたらす実りを祈願し、また神々の王である天候神によるヒッタイト王への王権神授を示す意味があった。後のアッシリア帝国の時代における、天地創造神話「エヌマ・エリシュ」に基づいて行われたアキトゥ祭に対応するものである。

紀元前十三世紀にハットゥシリ三世の王妃プドゥヘパにより始められた比較的新しい祭礼にイシュワ祭がある。この祭礼は帝国の南部に多かったフリ人に起源があり、キズワトナ国にあったマヌジという町の天候神に捧げられ、不定期に開催された九日間の祭礼であった。プドゥヘパ自身がキズワトナ国のラワザンティヤという町の神官の一族の出身で、パンテオン（神々の世界）を再編成したといわれるが、この祭礼は王とその一族

ボアズキョイ（ハットゥッシャ）の「上の町」に立ち並ぶ神殿群の跡

（特にハットゥシリ三世個人）の健康を祈るために行われた。

このような祭礼の主な舞台となったのが神殿である。帝都ハットゥッシャには北半分の「下の町」に大神殿（一号神殿）が、「上の町」には三〇を超える神殿が立ち並んでいた。建設は、「上の町」の高いところから低いところへ向かって行われ、次々と建設されていったように思われる。なぜこうも多くの神殿が「上の町」にあるのかは明らかではないが、帝国の拡張と共に、領内の多数の神々を祀るために次々と建設されていったのであろう。これらの神殿群の多くは、紀元前一三〇〇年頃に一時的に首都がタルフンタッシャに遷された際に放棄されたようである。

ヒッタイトの神殿建築様式には一定の型があり、中央には屋根のない中庭があり、大型の神殿

ボアズキョイの大神殿への入口

の場合は列柱が中庭を囲む例もある。ヒッタイト語で中庭をヒラ hilaといい、列柱で囲まれた広間をおそらくヒランマル hilammarといったようだが、このヒッタイト語はのちにアッシリア帝国に採用され、アッシリアの建築は「ビート・ヒラニ」（ヒラニの家）と呼ばれた建築様式で建てられていた。アッシリア人が「ヒッタイト風」と考えた建物というわけであるが、その実態はよく分かっていない。また、もう一つアッシリアがヒッタイト（後期ヒッタイト）から採り入れた建築様式があり、それは門や入口の両脇にライオンなど石製の巨像を配置することであった。

入り口から離れた神殿の最奥に至聖所《しせいじょ》（神像が置かれ、礼拝が行われた部屋）がある。神殿の入口から至聖所に入るには必ず一度は曲がらなくてはならず、直線的には配置されていない。入口には

ボアズキョイ、大神殿の至聖所。突き当りの石囲いに巨大な神像が据えられていたらしい

守衛室のようなものがあり、部外者（身を清めていない不浄な者）が立ち入らないように厳しく管理されていたことが窺える。至聖所の隣には小部屋があり、神々（神像）が人間と同じように食事をし、就寝し、身を清めるための道具や供物が保管されていたらしい。

至聖所は、基本的に一つの神殿に一つしかないが、例外的にハットゥッシャの大神殿と、五号神殿には二つの至聖所がみられる。これについては、ハッティの天候神とアリンナの太陽女神のためにそれぞれ至聖所が設けられたとする説もある。もっとも、一つの神殿で複数の神の祭祀が行われていた例もあるため、これはあくまで推測である。

発見されていないヒッタイトの王墓

　神殿には多くの「職員」がいた。不完全ながら残されている神殿の要員リストによれば、神官はいうに及ばず、書記、楽士、歌手、さらには祭儀で使用する道具を製作する陶工、織工などもいた。とりわけ音楽関係の人員の多さに驚かされる。これらが全て神殿に起居していたわけではないが、神殿は神だけが住む空っぽの「神の家」ではなく、神官をはじめとする関係者が住み込んで管理していた可能性が高い。「ヒッタイトの神殿は、中世のヨーロッパでいえば、教会というよりも、修道院のようなものだ」とは、クシャックル遺跡の発掘隊長で筆者の指導教官でもあったミュラー＝カルペ教授がよくいっていた言葉である。

儀礼の式次第を記した粘土板文書（アナトリア文明博物館）

　実際に行われた祭儀については、その式次第が事細かに粘土板文書に記述されている。使われていた器具（どのような外見かは不明の場合がほとんど）や衣類の色まで記載されており、土中で腐朽してしまって残らない遺物の貴重な情報源になる。とはいえ、祭儀の様子が描かれた資料は極めて限られているのが実情である。

数少ない実例として、まずイナンドゥク出土壺を挙げることができる。高さ八二cm、古ヒッタイト時代の紀元前十七世紀頃（十六世紀とも）に年代付けられるこの壺は、外面が四段に分けられており、下から酒の準備、楽器（竪琴、マンドリンのような弦楽器）の演奏、その上の段では酒宴、演奏、牛（天候神のシンボル）の形をした神像への礼拝が行われ、さらにその上の段ではタンバリンを含む楽器の演奏、祭壇、聖婚（床入り）儀礼、最上段では演奏やアクロバットダンス、そして同じく聖婚儀礼（性交場面）が描かれ、ヒッタイトの祭礼を視覚的に想像させてくれる。似たような壺はビティックやヒュセインデデでも発見されているが、いずれも古ヒッタイト時代のものである。

また、中期ヒッタイト時代と考えられる考古資料として、ニューヨークのシンメルコレクションの鹿形銀器や、ボストン美術館に所蔵されている拳形の銀器の口縁部分に、祭礼場面が刻まれており、祭壇や神像（あるいはその象徴である雄牛や鹿の像）に対する礼拝や灌奠《かんてん》（神に捧げるために水や酒を地面に注ぐ儀礼）、楽器の演奏が描かれている。残念ながらいずれも詳しい出土地（遺跡）は分からない。

またアラジャホユックのスフィンクス門の外から見て左側の壁面には、一連の祭儀と思われる場面が浮彫で刻まれており、牛の姿をした神像への礼拝、ヤギや羊などの生贄の供儀、神官の行進、梯子登りや剣呑みといった曲芸の披露、楽器の演奏、行進などが描かれている。この門の築造年代は議論が分かれており、紀元前十四世紀とも、帝国末期の紀元前十三世紀とするともいわれている。

ヒッタイトに特徴的な儀礼の場所として、先に挙げた屋外聖所がある。自然界の神々を鎮

イナンドゥクで出土した、祭礼を描いた壺（アナトリア文明博物館）

拳形銀器（ボストン美術館）

アルスランテペから出土した浮彫。天候神（左）に対し、王が灌奠をし、家来がヤギを生贄に捧げる。後期ヒッタイト時代（アナトリア文明博物館）

め祀るための祭礼を行う施設である。特に山、もしくはその縮小版である岩（フワシ huwaši）は、天候神が現れる場所であり、水が流れ出る場所であり、かつ神々が住む世界への入口であった。そのため、自然の岩山や水源地などに聖所が設けられた。

水辺祭祀はハットゥッシャの王宮内や、都市内でも行われていたが、都市外にも水辺聖所があった。地方都市クシャックル（古代名サリッサ）でも、町の南二・五㎞の山の中腹に、人工的に作られた直径一五〇ｍの円形の池があり、そこで祭祀が行われた。その池のほど近くにはフワシと呼ばれた聖なる岩が置かれ、礼拝の対象になっていた。クシャックル出土粘土板文書によれば、山の神クピトのために年二回の祭礼が行われていたという。

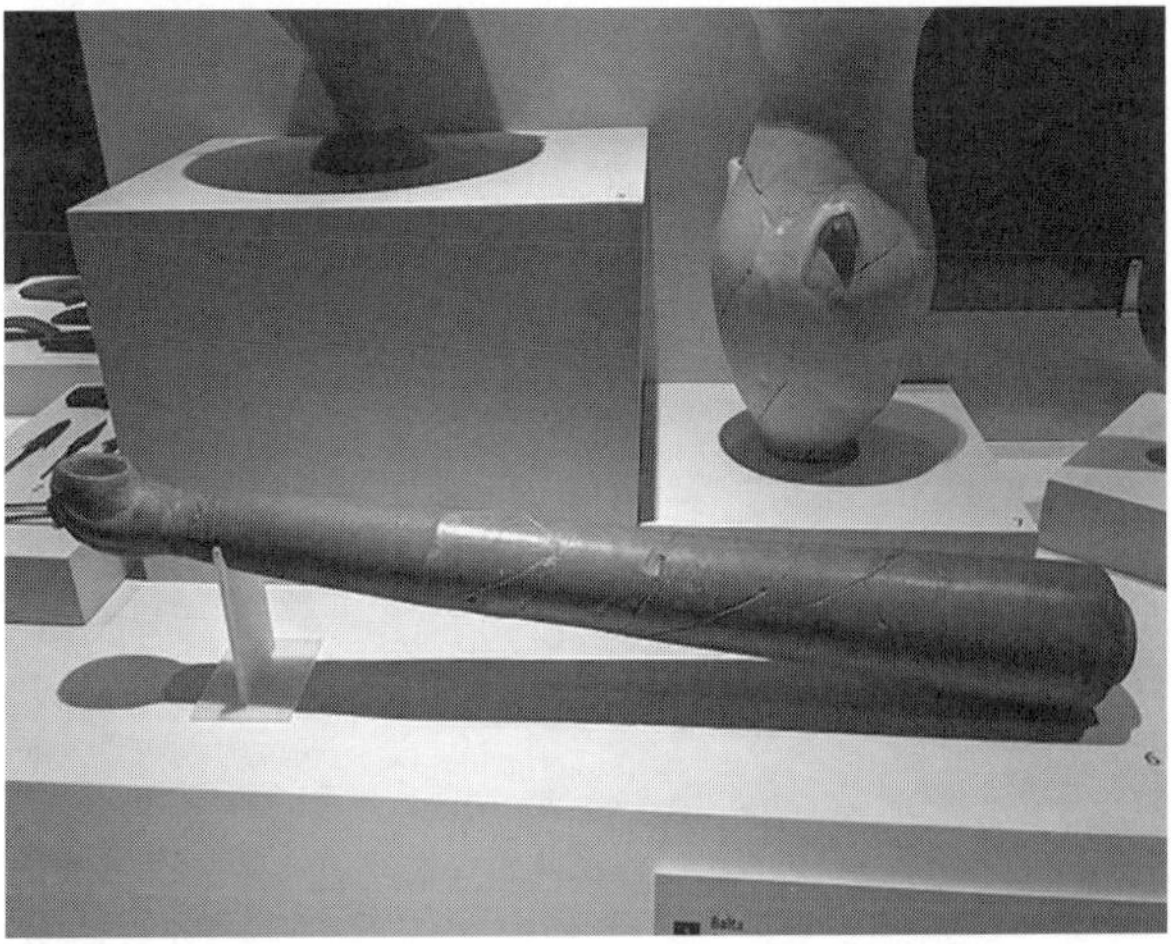

灌奠に使われた手の形をした土器。ボアズキョイ出土（アナトリア文明博物館）

アラジャホユックの城門脇の石壁に彫られた、祭礼の際の曲芸場面（アナトリア文明博物館）

紀元前十三世紀に入ると、石を組んで作った水辺聖所が建設されるようになり、トルコ南部にあるエフラトゥン・プナルはその代表的なものである。築造したのはトゥトハリヤ四世と推測されているが、銘文などがないためはっきりした年代は不明である。水源の近くに作られた一辺三〇mほどの人工池があり、その北側の岸壁には幅七m、高さ四mほどの石組が組まれた。その前面には、天候神と太陽女神の二柱の主神、その周囲に眷属《けんぞく》の神々、そして二柱の神々の足元にあたる水に浸かる部分には山の神があしらわれ、山の神のスカートに開けられた穴からは水が流れ出る仕組みになっていた。山の稜線から嵐（雨雲）が巻き起こり太陽が昇り、そして山からは水が湧き出すという、まさにヒッタイトの自然観を凝縮した場面といえるだろう。

同様な水辺祭祀の聖所として、トゥトハリヤ四世の父母であるハットゥシリ三世とプドゥヘパ夫妻が残したフラクトゥンの泉の聖所、トゥトハリヤが残したヤルブルトとカラクユの貯水池、トゥトハリヤの子で最後のヒッタイト大王シュッピルリウマ二世がハットゥッシャ市内の貯水池の土手の外側に築いた祠《ほこら》などがある。

ヒッタイト王は死ぬと「神になる」と本章冒頭で述べたが、ヒッタイトの王墓は発見されていない。文書では王の葬送儀礼についてもその手順書が知られていて、E^{NA4}.DINGIRLIM

サリッサ市を見下ろす山の中腹にある聖なる池の跡。写真左下の場所に「フワシ」を祀る神殿があったと考えられる

エフラトゥン・プナルの水辺祭祀遺構

（神の石の家）あるいはENA4-hekur-（山頂）という表現があり、いずれも王墓、王廟と考えられる。ボアズキョイの市内にある岩山、あるいはボアズキョイの北東二㎞に位置する岩窟聖所ヤズルカヤ（トルコ語で「文字の書かれた岩」の意）がそれにあたると思われる。

ヤズルカヤには紀元前十五世紀から岩窟聖所が存在していたらしいが、現状のように岸壁に浮彫が施されたのは紀元前十三世紀に入ってからであるらしい。この聖所は自然の岩や壁で隔てられたA～Dの四つの部屋に分かれており、A室では天候神テシュプと太陽女神ヘパトを主神とする六三柱の神々の世界が描かれている。その一角にはトゥトハリヤ四世の名が添えられた浮彫もある。この部屋は春の祭礼で使われたという説もある。

一方隣のB室には、冥界神ネルガルと思われる、剣の姿をした神像、一二柱の神々の行進、そしてシャルマ神に護られたトゥトハリヤ四世の姿などが刻まれている。この部屋の入口には現在も石の台が残っているが、本来はこの台の上に神像（神になったトゥトハリヤ四世の像か）が据えられていたものと思われる。この部屋は明らかに、神になったトゥトハリヤ四世のための祖先祭祀の部屋であり、息子シュッピルリウマ二世の文書にも「朕は永久に続く聖所を建設し、像を作るよう命じた。ついでこの像を永久に続く岩の聖所に運び、そこに立てた」という記述もある。

もう一か所、トルコの首都アンカラの南西六〇㎞の寒村にあるギャウルカレ（トルコ語で

ヤズルカヤのA室

ヤズルカヤA室、テシュプとヘパトの出会いの場面

A室と異なり、閉鎖的なヤズルカヤのB室

「異教徒の城」）も、冥界祭祀関係の遺跡と考えられる。自然の岩山の山頂に、巨石を組んで作った横穴式石室のような構造物があり、その下部の岩肌には高さ三mを超える巨大な二柱の男神、その左には椅子に座る女神の浮彫が刻まれている。石室は墓室のようにも見えるが、既に中は空であり、碑文などもないため築造年代や用途は分かっていないが、この遺跡は「神の石の家」と呼ぶにふさわしい。

なお、一般庶民の墓であるが、ボアズキョイでは近郊のオスマンカヤスという岩陰から火葬墓と甕棺墓《かめかんぼ》が混在する古ヒッタイト時代の墓地が発見されているが、数百年間で一〇万人が住んだと思われる都市の墓地にしては、墓の発見数が少ない。ヒッタイト時代の墓地はあまり発見されていないのが実情である。

ギャウルカレの岩肌に彫られた２柱の男神像

ギャウルカレの石室遺構

第九章　ヒッタイトは「鉄の王国」だったのか？

ヒッタイト帝国が「鉄の王国」と認識された経緯

ヒッタイト帝国を説明する語句としてよく使われるのが、「鉄と軽戦車（チャリオット）を駆使して古代オリエントの大国になった」というものである。日本語文献では「鉄の王国」などという形容も見かける。軽戦車はともかく、鉄は実際のところはどうだったのだろう。

そもそもヒッタイトが「鉄の王国」と形容されるに至ったのはいつ頃なのか。十九世紀にヒッタイト帝国が「再発見」され、一九一五年に初めてヒッタイト語が解読されて以降、多くの粘土板文書が次々と解読され、それによって、ヒッタイト語文書の中に鉄について触れたものがしばしば見られることが明らかになった。ヒッタイト帝国は考古学でいえば、鉄器時代（紀元前一二〇〇年頃以降）が始まる以前の、後期青銅器時代にあたる時代の帝国であるため、大いに注目された。

その中でも特に大きな影響を与えたのは、ボアズキョイで発掘された以下の文書である。

「あなたがお書きになった『良質の鉄』についてですが、キズワトナにある私の『封印の家』には、『良質の鉄』がありません。今は『良質の鉄』を生産するには良くない時期なのです。彼らは鉄を生産していますが、まだできていません。でき次第あなたにお送りします。今は鉄剣一振りを送らせていただきます」

（KBo I-24、Vs. 20-24：ボアズキョイ出土粘土板文書）

この文書はヒッタイト帝国期後半（紀元前十三世紀）のヒッタイト王ハットゥシリ三世が、微妙なライバル関係にあったアッシリアの王に送った書簡（の写し）と考えられている。キズワトナとはヒッタイトに属していた現在のトルコ南部地域のことであり、「封印の家」とは、前述した通りヒッタイト国内各地に置かれていた国家管理の倉庫（もしくは機関）、「彼ら」とはヒッタイト王直属の職人を指す。

これを解読したヒッタイト学者は、当時のヒッタイトとアッシリアの微妙な関係などから類推して、この書簡は、当時まだほとんど知られていなかった製鉄技術を、ライバルであるアッシリアから隠すために書かれた「言い訳」であろうと解釈した。

実際のところ冬のアナトリアはかなり長期間の積雪があり、操業は難しいであろう。書い

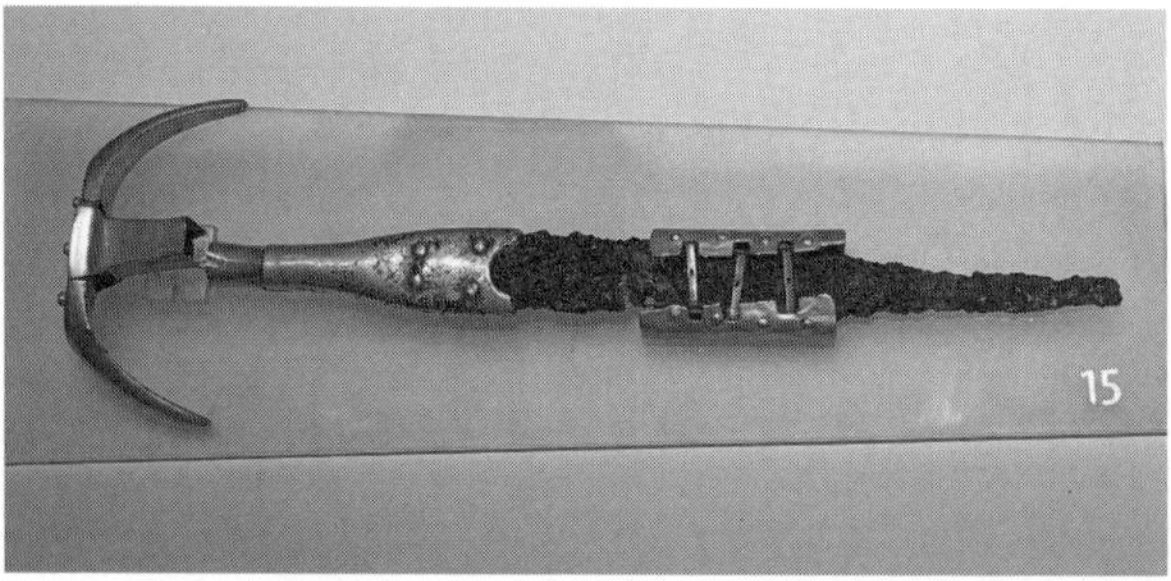

アラジャホユック「王墓」K出土の鉄剣（アナトリア文明博物館）

てある通りに読めば、この手紙を出したのは冬だったのだろうと思われる。ともあれ、これが「ヒッタイトは製鉄技術を独占して他に漏れないように秘密にしていたが、その技術が漏洩《ろうえい》したために（あるいはヒッタイト帝国が滅亡してその秘密が拡散したために）、鉄器時代が始まった」という、現在も根強い説の始まりとなった。

同じ頃、考古学の分野でも、一九三〇年代に行われたトルコ中央部のアラジャホユックでの発掘で、「王墓」と呼ばれる前期青銅器時代（紀元前三千年紀後半）の墓地群から、世界最古級の鉄剣が発見された。この鉄剣はのちに分析の結果ニッケルを多く含んでいることが判明し、宇宙から地球に落下した鉄でできている隕石、つまり隕鉄で作られたものであろうと推測されるようになった。隕鉄は地球のどこにでも等しく落下する可能性があるのだが、ヒッタイトの先住民であるハッティ人の時代に、このような隕鉄を利用した製品があったということで、「アナトリア＝製鉄の発祥の地」という印象がさらに強くなった。

イギリス（オーストラリア生まれ）の考古学者V・ゴードン・チャイルドは考古学史に大きな足跡を残した人物であるが、古代史を一般向けに解説した一九四二年出版（一九五四年改訂）の書籍『歴史のあけぼの』（原題：*What Happened in History*）の中で、先に紹介したハットゥシリ三世の書簡を紹介しつつ、ヒッタイト人が製鉄技術を独占していたが、それが漏れたことで青銅器時代から鉄器時代へと移っていったと述べている。この本をよく読むと、製鉄を始めたのは、当時はインド＝ヨーロッパ語族（アーリヤ人）に属していると考えられていたミタンニ人で（ミタンニ＝フリ人のインド＝ヨーロッパ語族帰属説は、現在は否定されている）、同族のヒッタイトがその秘密を引き継いだとある。そして、ヒッタイトから製鉄技術の秘密が漏れ、その支配下の抑圧された諸民族が青銅器よりも安価かつ大量に生産できる鉄器を手にしたため、青銅器の流通・物流を管理していたヒッタイトやエジプトによる支配体制が崩れ、青銅器時代が終わって鉄器時代が始まったのだという、一種の社会革命的な説明を行っている（チャイルドは共産主義に傾倒していたことでも知られている）。

このチャイルドの一般向け書物の影響力、そしてアラジャホユックの鉄剣の発見が、「ヒッタイト＝鉄」のイメージ醸成に大きな役割を果たしたことは、想像に難くない。もっとも、筆者の管見の限りでは、欧米語圏でヒッタイトと製鉄がことさら結び付けて語られることは多くはない。例えばドイツなどでもっともよく使われるヒッタイト帝国の形容詞は「千の神々の国」というもので（日本風にいえば「八百万の神々の国」といったところか）、製鉄技術に先駆的であったということは語られても、それほど強調されることはない。「ヒッタイト＝鉄」のイメージは、むしろ日本語世界においてもっとも強調されているように感じる。これは前述のチャイルドの記述に依拠した歴史教科書の影響が大きいこともあろうが、二十世紀後半に、日本が鉄鋼生産量や製鉄技術で世界の首位を争っていた社会的背景とも無縁ではないように思える。

金や宝石と同等な装飾として使われた鉄

「人類で初めて鉄を生産したのはヒッタイト人か」と問われれば、答えは明確に「否」である。ヒッタイト以前から、鉄と人類の関わりは始まっていた。まずは、人類と鉄の関わりについて簡単に述べておきたい。

先に述べた通り、地球各地に落下した隕石には、ほとんど鉄でできている隕鉄がある。人類が最初に接した鉄はこの隕鉄のはずである。エジプトのゲルゼーで発見された、紀元前四千年紀後半の鉄片を丸めたビーズなどは、隕鉄であると判明している。またメソポタミアのシュメール語には鉄を意味する語が既に存在し、「天から降ってきた金属」と認識されていた。隕鉄製品の中でも特に大きいものが、先に紹介したアラジャホユック「王墓」出土の鉄剣で、金の柄や水晶の柄頭で装飾された豪華なものである。アラジャホユックからは他にも鉄製のナイフなどが発見されており、確かにアナトリアにおいて鉄が注目されていたことを窺わせる。しかしこれは自然由来の鉄であり、人類が作り出したものではない。

鉄鉱石を製錬して作った、人間の手による製鉄の始まりははっきりしないが、前述の「アラジャホユックの鉄剣」と同じ前期青銅器時代に、鉄鉱石を加熱した形跡や、実際に鉄製品が見られるようになる。その頃には鉄鉱石に隕鉄と似た成分（鉄分）が含まれることが認識され、鉄という独立した金属の製品が生産され始めたようである。ただし鉄鉱石は最初から鉄を取り出すため火にくべられたのか、銅生産の過程で銅鉱石から銅分と不純物とを分離するために火にくべられたのかは分からない。

イスラエル南部のアラバ渓谷で発見された古代の銅のインゴット。内部に鉄の粒子が含まれている（エレツ・イスラエル博物館）

銅といえば、鉄よりもはるかに長い使用の歴史があるが、銅鉱石には銅よりもむしろ鉄が多く含まれており、銅鉱石から銅を取り出す製錬の際には、鉱滓《こうさい》（スラグ＝不純物）として鉄は流出してしまう。しかしあるとき工人が、スラグの中にきらきら光る鉄の金属光沢を見出し、副産物として鉄という金属の発見につながった。これが隕鉄とは別の、人類と鉄との出会いであったとも考えられている。

紀元前二千年紀に入ると、隕鉄ではない鉄製品が文字資料でも考古資料でも本格的に登場してくる。ただし、この時代の鉄は武器や道具（これを総称して「利器」と呼ぶ）ではなく、貴金属のような扱いを受けていたらしい。鉄製品の出現時期と、利器が鉄製であるという意味の「鉄器時代」の開始時期とはイコールではない。

キュルテペのカールム（第一章参照）から出土したアッシリア語粘土板文書の中には、アムートゥムamūtumと呼ばれる物質が言及されており、これは鉄を指すのではないかという説がある。逮捕されたアッシリア商人の身代金として、金一〇ミナ（約五kg）かアムートゥムを一ミナ（約五〇〇g）支払うようにと書かれており、同量の金の一〇倍の価値がある希少品と理解できるが、本当に鉄を指すのかは異論もある。

カールム時代の遺跡であるアジェムホユックからは、貴石をちりばめた象牙製の小箱が出土したが、鉄は金やラピスラズリなどと同様に装飾に使われている。もちろん錆びて茶色く変色しており、現代人から見れば奇異に見えるかもしれないが、当時の人にとっては空から降って来た金属（と同じ成分）という貴重品だったのだろう。ヒッタイト帝国の始祖とされるアニッタの功業録にも「鉄の玉座」「鉄の笏」という言葉が出てくる（二八ページ参照）。木材等でできた本体に鉄鋲《てつびょう》をあしらった椅子だったのだろうか。

日本隊が調査を続けているカマン・カレホユック遺跡の調査では、このカールム時代の層からかなりの数の鉄製品が出土しており、ヒッタイト以前からアナトリアに鉄製品が存在したことは間違いない。キュルテペのカールムからも鉄らしき塊（鉄鉱石か）の出土が報告されているが、詳しく調査はされていない。

そしてヒッタイト帝国時代であるが、ヒッタイト文書にはしばしば鉄製品が言及される。ヒッタイトが「鉄の王国」などと形容される所以である。しかし、ヒッタイト帝国の約四〇〇年間のうちでも、鉄に関する言及の頻度や登場する鉄製品の種類は、実際は大きく変化している。

古ヒッタイト時代の文書に言及される鉄製品は、槍先や笏といった王権など権威の象徴の品ばかりで、登場するのも儀礼や魔術の場面に限られる。中期ヒッタイト時代は、そもそも残されている文書数が多くないので言及も多くはないが、やはり儀礼用の斧といった宗教的用途に限られている。アルヌワンダ一世（第三章参照）の文書には「王の言葉は鉄であり、冒すことはならない」という言及があり、鉄に対して神聖な意味が与えられていたことを示唆している。

ヒッタイト帝国時代のうち、文書の中での鉄への言及が飛躍的に増えるのが、最後にあたる新王国時代（帝国期）、とりわけその後半（紀元前十三世紀）である。言及頻度が多くなるだけでなく、鉄製品の種類も動物や人物像といった装飾品だけでなく、ナイフ、短剣、槍先など、利器（実用品か）にも及ぶ一方、鉄製の装身具への言及は減っている。また鉄の数量単位にそれまでのシェケル（約一二g）ではなくミナ（約五〇〇g）が使われており、流通量が大きくなったことも窺える。多い場合は一度の徴税文書の中で「鉄の刃」五六本と「『黒い鉄』の棍棒頭」一六個が言及されている。本章冒頭のハットゥシリ三世の書簡も、この時代のものである。

ヒッタイト文書に言及される鉄に関する特徴の一つは、鉄の種類の豊富さである。シュメール語からの借用語（文字）で表記される鉄に関するものにはAN. BAR、AN. BAR GE$_6$、AN. BAR SIG$_5$、AN. BAR BABBARといった語彙があり、最後の二つはそれぞれ「良質の鉄」「白い鉄」という意味になるが、どのような鉄を意味するのかは分かっていない。またAN. BAR GE$_6$は隕鉄を指しているという説もある。隕鉄といえば、[AN.B]AR aš nepis（天空の鉄）という語句もあれば、AN. BAR ŠA GUNNI（炉から取り出した鉄）という語もあり、隕鉄と

アジェムホユック出土の象牙製容器（アナトリア文明博物館）

地上鉄（鉄鉱石由来の鉄）は明らかに区別されていた。また祭礼に参加した職能集団のリストにおいて、鉄の職人（LÚ. MEŠ AN. BAR）が他の金属（金、銀、銅）とは独立した職種として言及されているのも、同時代の他の文明には見られないことであり、鉄への特別な関心があったと考えられる。

帝国期の場合、鉄が言及されるのは徴税リストや神殿・宮殿の備品目録といった文書においてである。素材や器種がはっきり書かれないこともあるのだが、これまで公刊された文書内での言及を合計すると、徴税リスト上では刃物を中心に数千点の鉄製品が存在したことになる。一方神殿・宮殿の備品目録では、刃物や短剣、針、容器といった鉄製品が数点単位で言及されているのみで、鉄製というだけで種類不明のものがほとんど（一〇〇点以上）である。

注目されるのは、鉄製品の生産が各地方都市で行われ、都ハットゥッシャに納められていることである。よくいわれる「ヒッタイト王が製鉄の技術を隠そうとした」のであれば、都に専門区画を設けてそこに職人を閉じ込めないと理に合わないのだが、帝国内の各地で生産されていたらしい。また本章冒頭のハットゥシリ三世の文書でも、「良質の鉄」を作る工人は王のお膝元ではなく、キズワトナにいたと書かれている。つまり、ヒッタイトが製鉄を秘密にしていたというのは、この文書のみに基づく解釈が独り歩きした結果といえよう。

同時期（後期青銅器時代）の諸文明に比べ鉄への言及が多いヒッタイト帝国なのだが、実際の出土遺物はどうなのだろうか。ヒッタイト帝国の遺跡、特に首都のハットゥッシャの遺跡であるボアズキョイやアラジャホユックでの発掘では、これまで数十点の鉄製品の出土が報告されている。器種は斧、鎌刃、針、輪、板状の塊（「素材」と報告されている）などである。これは確かに同時代の西アジア全体で見ても多い出土数とはいえる。ただし、青銅製品の出土数に比べると圧倒的に少ない。いくら銅製品に比べ鉄製品が残りにくいとはいえ、鉄器の方が青銅器よりも多く使われていたとは、到底いえない。

ボアズキョイやアラジャホユックのヒッタイト帝国時代層から出土した鉄製品や鉄鉱石は、一九八〇年代に一部がアメリカの研究者によって分析された。炭素を含む鋼であり一定の硬さはあるもののばらつきがあり、製品としては良質ではなく、また鉄鉱石には、製鉄には向かない硫黄を多く含む黄鉄鉱が含まれ、（少ない分析点数とはいえ）「ヒッタイト人が鉄の扱いや鉄鉱石の性質に精通していたとは思えない」と結論付けられた。

また、別の問題もある。アラジャホユックの発掘は二十世紀前半に行われたもので、精度にやや信頼が置けない。またボアズキョイについても、これは同遺跡の前発掘隊長であるユルゲン・ゼーアー氏に直接聞いたのだが、地点によっては層位的な発掘ができず、また精度も低かったため、二十世紀に刊行された報告書で与えられている年代はあまり信用できない。つまりヒッタイト帝国以降のものも混ざっているらしい。となるとヒッタイト帝国での

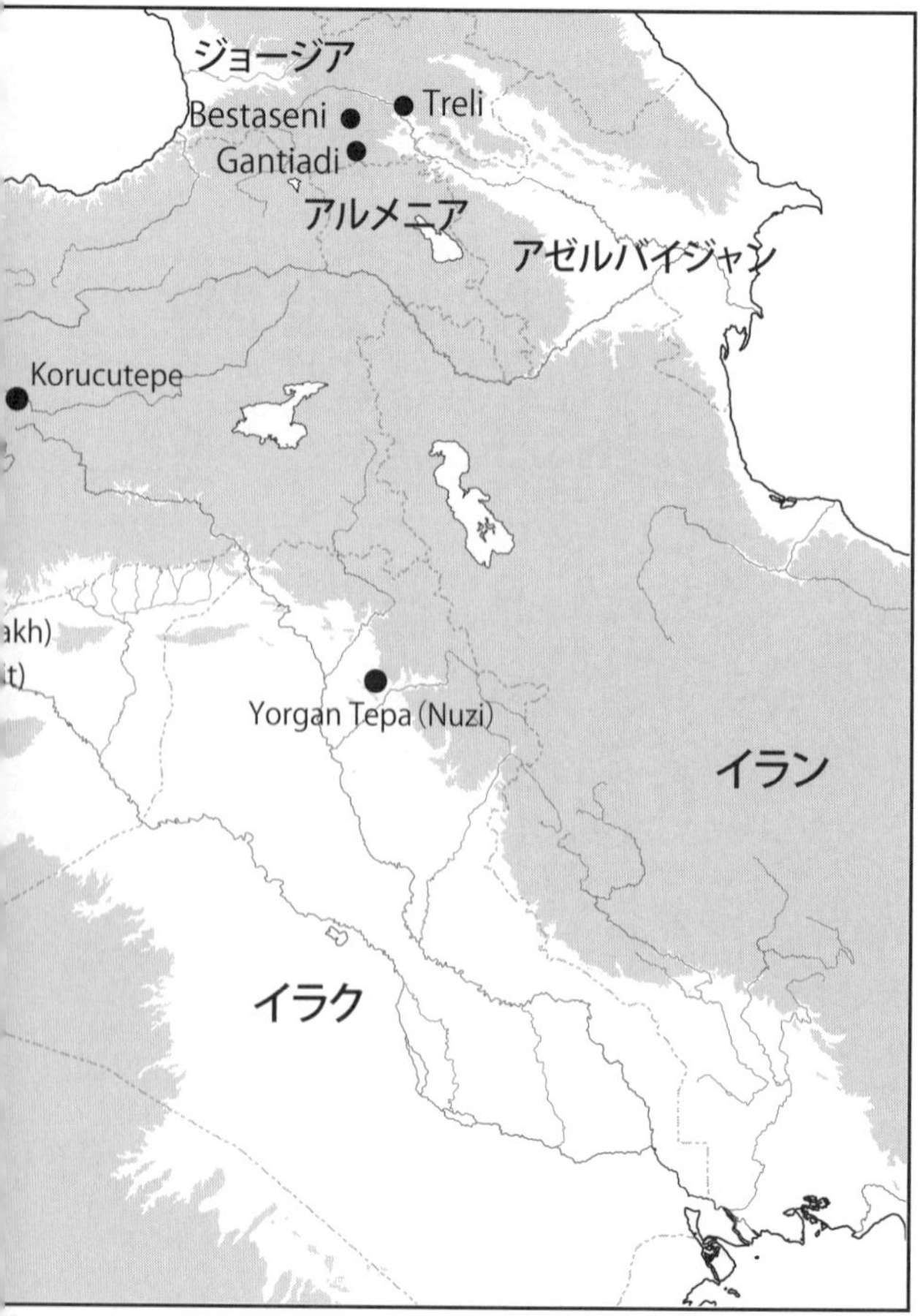
ジョージア
Bestaseni
Treli
Gantiadi
アルメニア
アゼルバイジャン
Korucutepe
akh)
t)
Yorgan Tepa (Nuzi)
イラン
イラク

後期青銅器時代の西アジアにおける鉄製品出土数地図

黒海
Alacahöyük
Bogazköy
(Hattusa)
トルコ（アナトリア）
Ialysos
Tell Acana
Minet el Beida
Ras Shamra
Agios Iakovos
Kition
Kourion
Hala Sultan Tekke
シリア
キプロス
地中海
Kamid el-Loz
イスラエル/
パレスチナ
Megiddo
Tel Nami
Baq`ah Valley
Jabal Nuzha
Tel Gezer
Tell es Zweyid
Lachish
ヨルダン
Timna
1点
2点
3〜9点
10〜19点
20点以上

鉄製品の出土数はずいぶん限られることになる。筆者が参加していたクシャックル（古代名サリッサ）の発掘でも、ヒッタイト帝国時代の層からは鉄製品はほぼ出土しなかった。

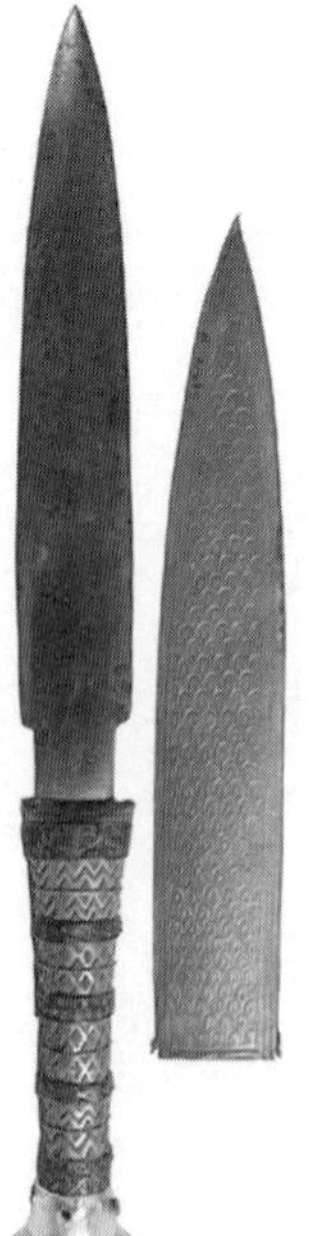
ツタンカーメン王墓出土の鉄製短剣

なおヒッタイト帝国と同時代の鉄製品といえば、エジプトのツタンカーメン王（紀元前十四世紀後半）の未盗掘墓から出土した鉄製品が有名である。その内訳は、金の装飾が施された鉄製短剣、枕型の護符、ウジャト（目の形をした護符）、小型の錐《きり》一六本であった。分析の結果、これらは全て隕鉄で作られていたことが判明している。隕鉄を加工するには製鉄とはまた別の困難があるのだが、製鉄を経たものではないことは明らかである。

同時代の文字資料（アマルナ出土書簡）でも、ミタンニ王がエジプトのアメンヘテプ三世（ツタンカーメンの祖父）に鉄剣などを贈ったとあるが（アマルナ書簡EA22）、これも隕鉄製なのかもしれない。ツタンカーメンのミイラが腰に差していた短剣は、現在も錆びずに残存しており（この剣に多く含まれるニッケルのおかげか）、いかにもよく切れそうだが、対になる形で金の刃を持つ短剣も腰に差していた。いうまでもなく金の刃物などで切れるはずもなく、実用ではあり得ない。錆びない金の剣と錆びていない鉄剣は、実用ではなくむしろ永遠の象徴としての器具といえる。

ヒッタイトは製鉄技術を秘匿していなかった

一方、ヒッタイト帝国末期と同時代（紀元前十三世紀後半）、北シリアにある中期アッシリアの地方都市遺跡テル・シェイク・ハマド（古代名ドゥル・カトリンム）の発掘では、鉄製品の流通に関する粘土板が一九九〇年代に出土した。これは鍛冶師が大宰相に宛てた書簡であり、彼は素材となる鉄を与えられ、鉄鏃《てつぞく》二〇個などを作るよう命じられたと述べている。これは、少なくとも同時期にはアッシリア領内でもある程度の量の鉄が流通していたことを示しており、「ヒッタイト帝国の鉄独占」なる状況が存在しなかったことを示す貴重な証言である。なお同遺跡の発掘で、同時期の層からは鉄製品の出土はみられないとのことである。

こうしたなか、一九九〇年代以降、日本隊が調査するカマン・カレホユックでは、ヒッタイト帝国以前のカールム時代の層からかなりの点数の鉄片が出土し、化学分析の結果、炭素を含み鋼に分類できるとして、製鉄の歴史解明に一石を投じることになった。鉄を利器として使用するには、鉄に炭素を加えて鋼とすることが大前提であるためである。同遺跡では調査開始以来、精密な層位的発掘が行われており、出土品の見落としなども考えられず、前期

精密な発掘が続けられているカマン・カレホユック

青銅器時代から鉄器時代までの連続する堆積があり、鉄利用の変遷を明らかにするうえで格好の条件を備えている。

　同遺跡の鉄製品については近年、増渕麻里耶氏による論考が発表された。限られた区画から出土した分量の研究結果だが、大いに注目に値する。まず、これは調査地点と関係するのだろうが、カールム時代には鉄製品が割合多く出土するのに比べ（それでも青銅製品よりは圧倒的に少ない）、ヒッタイト帝国時代にはほとんど鉄製品がみられず、鉄器が日常的に使われ始めるのは、鉄器時代に入ってからだいぶ経った紀元前八世紀以降であろうという見解を示した。また化学分析の結果、カールム時代の鉄製品は確かに炭素を含み鋼には分類できるものの、電子顕微鏡による構造観察では、焼入れや折り返しを経ていない（構造的に弱い）もので、実用の利器とは考え

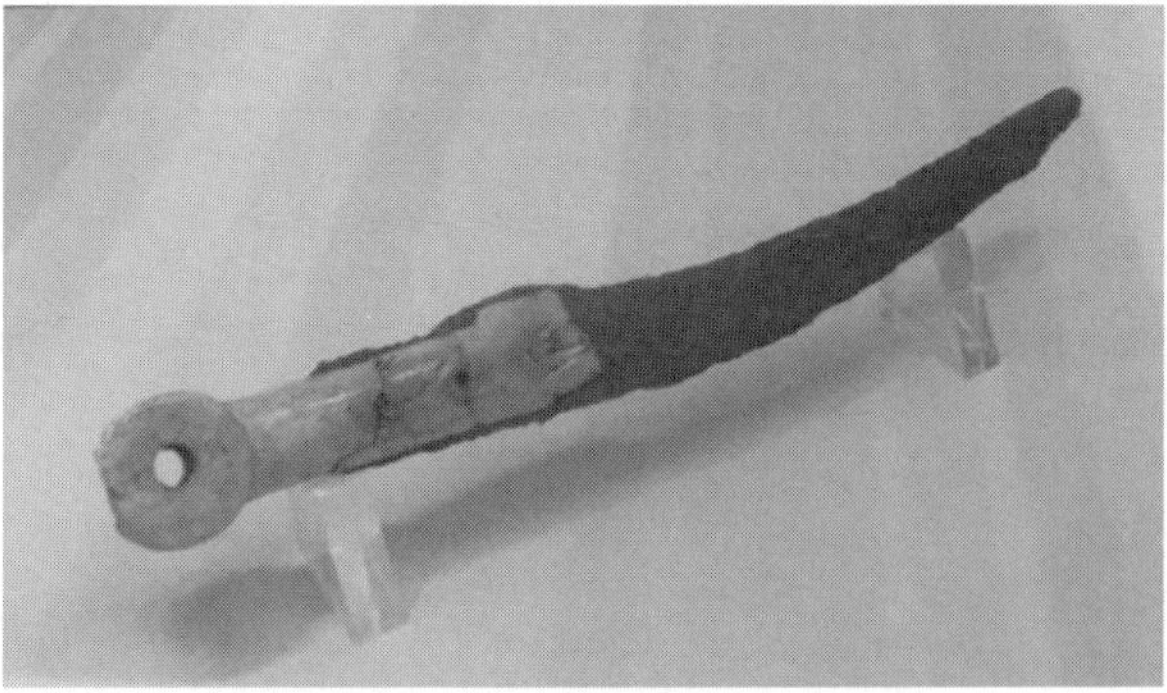

イスラエル、テル・ミクネ(エクロン)出土の初期鉄器時代の鉄製ナイフ(イスラエル博物館)

にくいとの結論を得ている。これは、これまで提出されてきたヒッタイトの鉄器に関する見解と一致している。

以上のように、ヒッタイト帝国では、その末期に限られた量の鉄製品が流通していたのは間違いないが、独占状態ではなく、秘密にしていたとも考えられない。ヒッタイト帝国はまぎれもなく「青銅器時代」の帝国であった。「鉄製武器を持ったヒッタイト兵が、カデシュの戦場で青銅製武器を持ったエジプト軍を圧倒し……」というのも空想の産物ということになる。

しかし解明されていない謎がある。紀元前一二〇〇年頃のヒッタイト帝国滅亡と時を同じくして、西アジアは世界で最初に鉄器時代に入る。これまでの調査結果では、この時期最初の鉄器(主にナイフ)はキプロス島やパレスチナ(イスラエル)にもっとも集中しており、この地域で最初に鉄製利器の実用化が始まったと考える

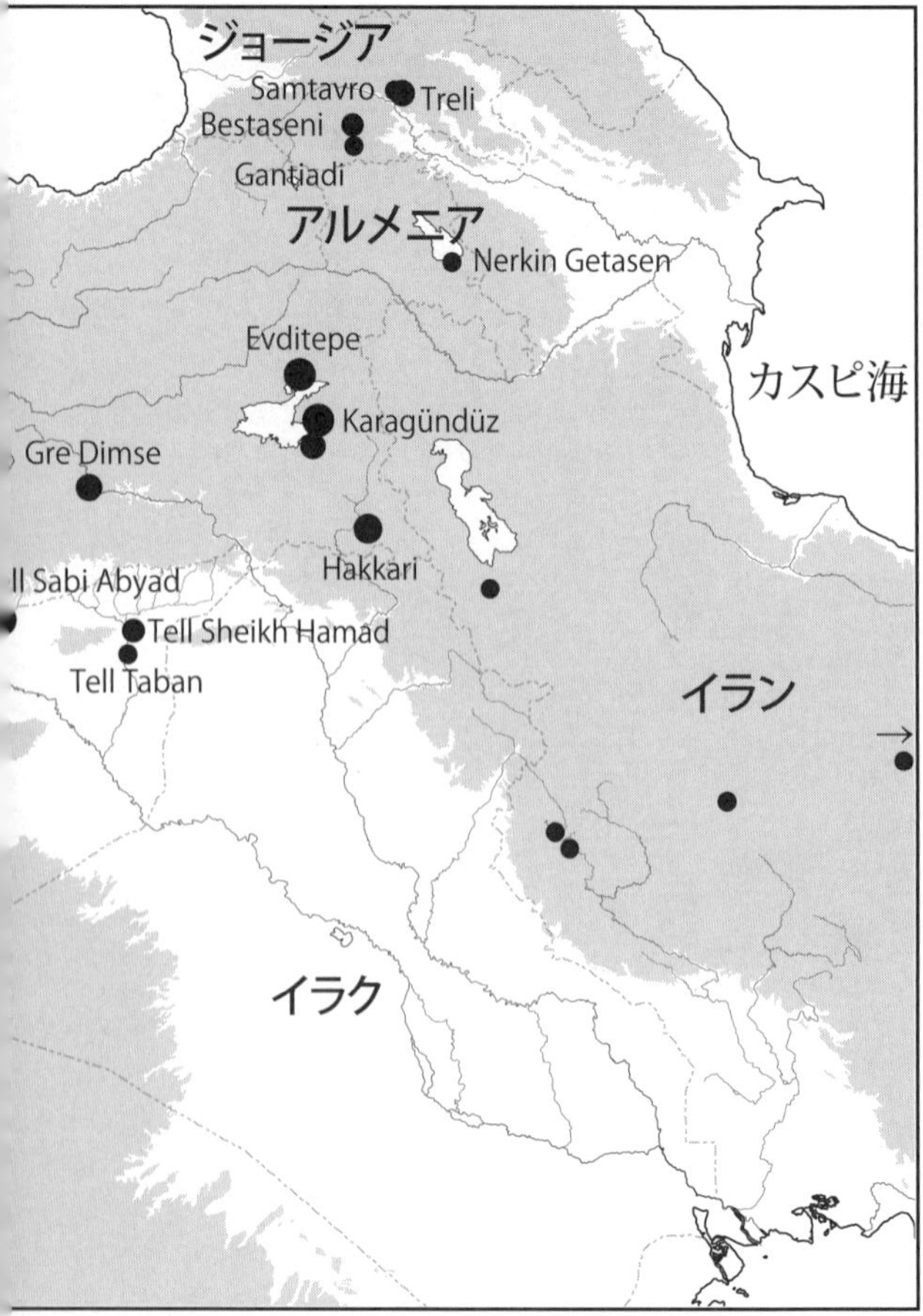
ジョージア
Samtavro
Treli
Bestaseni
Gantiadi
アルメニア
Nerkin Getasen
Evditepe
カスピ海
Karagündüz
Gre Dimse
Hakkari
ll Sabi Abyad
Tell Sheikh Hamad
Tell Taban
イラン
→
イラク

紀元前1200年～1000年の西アジアにおける鉄製品出土遺跡地図

説がある。その背景として、鉄器自体の性能が青銅器に優越したというよりも、当時、より重要だった（利器の素材だった）青銅の流通・生産が危機に陥った結果の緊急回避的状況だったとする説があるが、今一つ決定打に欠ける。確かに、初期鉄器時代の鉄製品が多く発掘されているイスラエルでの出土品を分析したところ、一様に焼入れや折り返しが行われているわけではなく、製品としての完成度にはなおばらつきがあることが指摘されている。鉄器時代がいつ、どこで、どのように、どうして始まったのかは、なお不明といわざるを得ない。

さらに最近、キプロスやパレスチナと並んで、南コーカサスや北シリアなどアナトリアの隣接地でも、紀元前十二〜十一世紀頃の実用的な鉄製品（剣やナイフ）が発見されている。先に紹介した文字資料に見たように、少なくとも紀元前十三世紀後半には、実際の出土品はまだほとんど発見されていないものの、ヒッタイトやアッシリアである程度の鉄器が流通していた可能性がある。シリアやコーカサスの鉄器は、ヒッタイト領内で開発された製鉄技術の流れを汲んでいるのだろうか？

肝腎のアナトリアでは、鉄器時代初頭の鉄製品がまだほとんど発見されていない。一方カマン・カレホユックでは近年ヒッタイト帝国期の遺構が広く発掘され始めており、もしそこからヒッタイト帝国期の鉄器が出土すれば、後期青銅器時代と初期鉄器時代の鉄器を繋ぐ鍵となるかもしれない。

第十章　ヒッタイトの戦争と外交

戦争ではまじないや神託が重要視された

ヒッタイトは「帝国」といわれるだけに、軍事力と外交を背景とした国家間秩序に依拠していた。その国家形成の過程は、第一章で触れた通り、なおはっきりしないが、おそらく中央アナトリアに分立する多数の都市国家群の中で、軍事的に傑出した都市国家が主導する都市国家連合から出発したと推測される。西アジアの都市に通底する特徴だが、ヒッタイト帝国の成立以前から都市はいずれも城壁で守られており、有事に備えられていた。

古ヒッタイト時代（第二章参照）、都市国家から領域国家へと成長したヒッタイト帝国は、初の対外戦争、域外への長距離遠征を経験する。ハットゥシリ一世による北シリア征服、そしてムルシリ一世によるバビロン攻略である。域外を恒常的に支配するノウハウはまだなかったようで、この征服の成果が維持されることはなかった。なお古ヒッタイト時代にも、各都市では城壁や有事に備えた穀物貯蔵施設が整備された。

記録の少ない中期ヒッタイト時代は、トゥトハリヤ一世の治世を除けば、防戦一方の観がある。アナトリア南部のキズワトナ国の帰属をめぐっては、活発な外交や条約締結が行われた。ヒッタイト時代の条約の特徴は、法人格としての国家同士の条約ではなく、王という個人同士の条約という点にあり、王が亡くなると条約は自動的には更新されず、改めて締約される必要があった点にある。中王国時代には、国境要塞都市であったマシャットホユック(古代名タピッガ)出土文書にみられるように、国土防衛に関するこまごまとした運営や努力にもかかわらず、北方のカシュカ族の侵入で都市は焼かれ、略奪された。想像するに、統一国家も都市も持たないカシュカの戦い方は、ヒッタイト側の不意を衝く、一種のゲリラ戦のようなものだったのかもしれない。

ヒッタイト帝国が真の「帝国」になるのは新王国時代(帝国期)である。シュッピルリウマ一世以降、西アナトリアやシリアの征服によりヒッタイトは帝国となり、援軍の供出や救援を定める属国との外交や、エジプト、バビロニア、アッシリアといった大国との戦争と和平、アヒヤワ(ミケーネ文明)との全面戦争回避のための首脳級の外交交渉など、帝国主義的な戦争と外交を繰り広げることになった。比較的詳細な記録が残るムルシリ二世の遠征記録を見ると、遠征行為は敵や属国への軍事力の誇示であると同時に、家畜の略奪や労働力(奴隷)となる捕虜の連行、住民の強制移住など、一種経済的な目的もあったと思わせる記

条約文書（ボアズキョイ出土、アナトリア文明博物館）

述がある。全般にヒッタイトには戦争に関する絵画資料が乏しいが、この時代に関しては敵であるエジプト側の記録によりその実相を窺うことができる。

ヒッタイトの大王が決まって使う称号に、「英雄」（シュメール語の楔形文字で「群れの頭」を意味するUR.SAGと表記される）というものがあり、ヒッタイト王は軍の最高司令官たることが定められていた。特に帝国期になって浮彫などに王の姿が彫られるようになると、大王は槍や弓を持ち帯剣する戦士としての姿でしばしば描かれた。しかし描かれるその姿は型通りのもので、例えばエジプトのファラオのような、自身の武勇を示すため戦車を駆って弓を射たり、捕らえた敵将を処刑したりする姿などが描かれることはなかった。

図像にはないが、文書の中では、例えば帝国の太祖ハットゥシリ一世が敵の町を攻略した際に自身をライオンに喩えたり、敵将をくびきに繋いで戦利品を牽《ひ》かせたり、あるいは自身を伝説的なアッカド帝国の王サルゴンを超えるものと称したりする例はある。また、帝国期のムルシリ二世は自身の慈悲深さを強調しており、彼自身が従えた数多くの属国に対する慰撫の目的があったものと思われる。

「無名の師」という言葉があるが、無意味な戦争が忌避《きひ》されたのはヒッタイトの時代でも同じであり、開戦する際には例えば属国の裏切り・寝返りや条約の不履行など、敵の不義理が大義名分に挙げられた。これは現代と変わるところがない。その一方で戦争は一種天災のような、人智を超えた神の領域に属するとみなされ、神々に加護を祈ることが行われた。戦争とは神により聖化された法的行為であり、例えば属国の離反に対する懲罰戦争は、神々により正当化された秩序回復行為であると喧伝《けんでん》されたのである。

遠征の記録には「(神が) 我が前を進んだ」という、戦場には神々が共にあり、ときに介入すると考えられたことを示す定型句が登場する。霧やにわか雨による奇襲の成功など、戦況の変化は神の加護によるものと信じられ、幸運を招くための厄払いや神託も行われた。なお援軍として馳せ参じる属国の軍隊は、離反を防ぐため神託を禁止されていたという。開戦時には敵との国境で、敵の武器の威力を弱め、敵兵を女性に変えるまじないが行われることもあったらしい。自軍に対しても士気を高め、退却をしないためのまじないが行われた。運悪く敗戦した際は、穢れを祓うまじないが行われた。まじないには弓矢と戦車に関する儀礼・呪いがあり、この時代の主要な武器が弓矢と戦車とみなされていたことを示している。

ヒッタイト王は軍最高司令官であり、通例では軍を自ら率いることが求められるが、例大祭の挙行など宗教上の理由で多忙の場合や、個人的な病気等でそれが不可能な場合は、皇太子が代理で率いることもあった。軍を指揮するのは大王や皇太子の他、近衛隊長や献酌官(「ワインの長」、つまり王の最高位の側近)の場合もあったが、いずれも王族が務めることの多い職権である。

軍隊には中級・下級の階級や職能も存在したらしいが、具体的にどのような職務内容だったかは不明な用語が多い。少なくとも戦車部隊、歩兵部隊、偵察兵、伝令などがおり、軍勢の大部分は歩兵であった。近衛兵には「槍」に関する用語が付くことが多く、「槍の者たち」といえば、近衛部隊の最下級兵士を示していた。

軍隊は常備軍、属国から加勢した補助軍、臨時の徴兵軍、傭兵などから成っており、常備軍の兵士になれたのは自由民のみであり、平時は首都ハットゥッシャや各都市に分散配備されていた。自弁による従軍義務の代わりに土地を与えられる「封建制度」が存在したかは不明であるが、有事にのみ従軍するパートタイム兵士や屯田兵のような者もいた。ヒッタイトの属国は有事の際、補助軍を差し出すことが条約で厳密に定められており、例えばヒッタイト帝国末期のタルフンタッシャ国は歩兵一〇〇人、場合により二〇〇人を派遣することが規定されていた。属国が兵士の供出を拒否することは、帝国に対する謀反とみなされた。義務を除けばヒッタイトの属国は完全な自治を与えられ、エジプトとは対照的にヒッタイトの大使が駐在することも稀だった。ヒッタイト軍は常に人員不足だったらしく、進駐軍を送ることも極力行わなかったらしい。

ヒッタイト軍の総兵力であるが、具体的な兵力が史料で触れられることはほぼない。ただ、建国期の「アニッタの功業録」によれば歩兵一四〇〇人、戦車四〇両とつつましやかなものであるが、約五〇〇年後の紀元前一二七四年に行われたカデシュの戦いでは、ヒッタイトとその同盟軍の兵力を歩兵三万七〇〇〇人、戦車三五〇〇両（一両に乗員三人なので計一万五〇〇〇人）とエジプト側は記しており、誇大な可能性もあるが、支配領域の拡大と共に兵力が増加したことが窺える。なお、紀元前十四世紀末の王ムルシリ二世は、自身が戦った敵の兵力を歩兵一万人、戦車七〇〇両と記しており、カデシュの戦いの記述は甚だ誇大というわけでもなく、ヒッタイト本国軍のみであれば歩兵二万～三万人、戦車二〇〇〇～三〇〇〇両くらいだったと考えられよう。

軍事行動は基本的に農閑期および積雪のない夏季に限られていたらしい。高地で冬の積雪があるアナトリアの気候を考えると、冬季の軍事行動は困難である。ただムルシリ二世には初雪前に出陣したという記録もあり、その辺は臨機応変だったのかもしれない。作戦行動の期間については、農繁期や例大祭の挙行など、経済的・宗教的双方の理由からほとんどは長くて数か月だったと思われる。帝国を樹立したシュッピルリウマ一世が季節を越してシリアを転戦した「一年戦役」はその点極めて異例であった（この戦役も最後は例大祭の主催を理由に終了している）。その息子ムルシリ二世などはその二十数年間の治世のほぼ毎年、夏は遠征に出たことが記録されている。

ヒッタイトの戦争の記録は具体的な記述を欠いており、型通りな叙述が多く、具体的な戦闘の経過を窺わせるものは少ないが、「アニッタの功業」には都市攻撃の際に夜襲があったこと、ハットゥシリ一世の遠征記録にはウルシュという町を攻めた際に攻城塔や破城槌を使用したことに触れられている。二〇一六年、トルコ南東部のエラズー県ハルプトで、攻城塔や坑道戦、火焔球が描かれた攻城場面の巨大な浮彫が偶然発見された。様式的にヒッタイトより数世紀前の時代のものと推定されているが、アナトリアにおける攻城戦の最古の絵画資料として大変貴重である。

遠征の記録の最後はたいてい都市の攻略で終わっており、しばしば「その街を焼いた」と記されているが、実際に町ごと焼き尽くしたのではなく、城門や宮殿などの主要な建物を象徴的に焼き、あとは略奪に留めていた可能性が高い。兵糧攻めも行われた可能性はあるが、前述のような内政事情や当時の生産能力に基づく兵站《へいたん》水準を考えると、あまり長期の攻城戦が行われたとは考えにくい。

ヒッタイト自身の記録ではないが、シリアのカデシュでヒッタイトと戦ったエジプトのラメセス二世が残した碑文や壁画は、ヒッタイト軍の装備や、偽情報を用いた戦いぶりを示しており、戦争に関する図像資料の乏しいヒッタイトの軍事に関する比類のない資料といえる。

どのような武器が使われていたのか

「兵士の大部分は歩兵」と書いたが、カデシュの戦いを描いたエジプトの浮彫にも、短剣だけ、もしくは槍だけを持って密集隊形を組むヒッタイトの歩兵隊が描かれている。しかし実際の考古資料を見てみると、槍先や短剣などの出土は極めて稀である。ボアズキョイやミレトスでの発掘で青銅製短剣が出土しており、またトゥトハリヤ一世が奉納した、敵（アスワ国）から奪ったと思われる長剣の例はあるが（第三章参照）、斬撃に向かない短剣が接近戦で

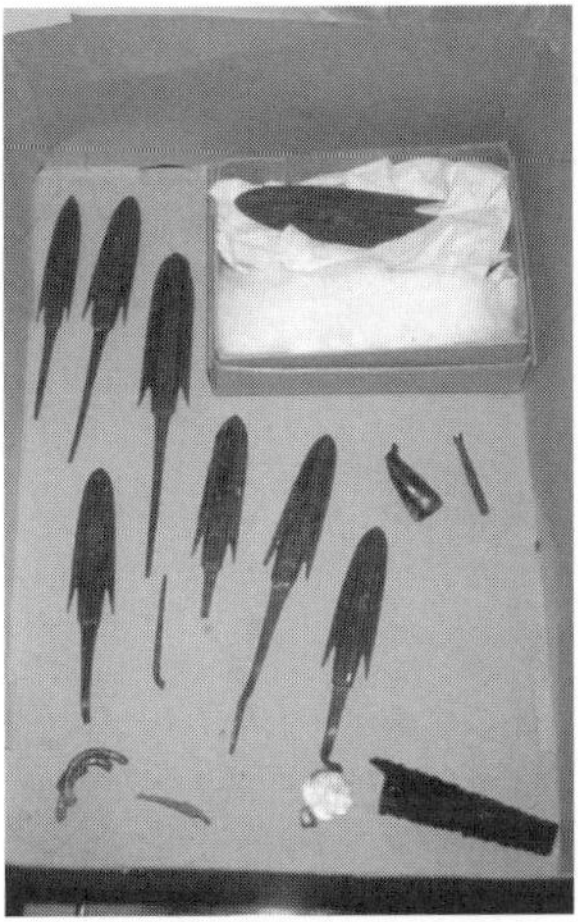

クシャックルの焼土から出土したヒッタイト時代の銅鏃

ミレトスから出土した、ヒッタイトと同時代の短剣（ベルリン、新博物館）

ヤズルカヤの浮彫に描かれた、12柱の神々。鎌形刀をかついでいる

威力を発揮するとは思えず、のちに述べる戦車戦で転落した戦車兵を討ち取るための兵種とも考えられる。槍隊の方は、戦車の突進を槍衾《やりぶすま》で防ぐくらいの役割は持っていたかもしれない。なおこの時代のエジプト軍は「ケペシュ」というメソポタミア起源の鎌形刀を使っていたが、ヒッタイトの図像資料では神々の武器として登場するくらいで、ヒッタイト遺跡からの実物の出土品はない。

さらに奇妙なのは、カデシュの戦いの浮彫には、弓矢を使うヒッタイト兵が一人も描かれていないことである。なぜならヒッタイト遺跡の発掘でもっとも多く出土するのは青銅製の鏃《やじり》で、実際に使われた形跡もある。他の古代オリエント地域の鏃に比べてかなり大きく重厚なもので、敵兵に刺さった際に抜けにくくするための逆刺《さかとげ》まで付いており、速射性には優れないものの、命中した際の威力はかなりのものだったろうと思わせる。弓の出土例はないが、複合弓という様々な素材を組み合わせた張力の強いもので、矢の最大射程は二〇〇mくらいと想像されている（有効射程はもっと短い）。

王が弓を持った姿で描かれたり、文書の中で弓が「王者の武器」と呼ばれたりするなど、弓が使われていたことは間違いないのだが、確かにヒッタイト文書の中で戦場での弓矢に関する言及は極めて少ない。ヒッタイトの属国ウガリットやミタンニには弓兵隊がいたことは言及されているため、ヒッタイトにも弓兵がいたと思われるのだが、弓矢を多用したエジプト人には、ヒッタイト軍は弓を使わないという印象を受けたのかもしれない。なおヒッタイトの備品目録には「『弓二〇〇張』『金で装飾された弓四三張』『ヒッタイト式の箙《えびら》四つ、（その中に）矢九三〇本、フリ式の箙四つ、（その中に）矢一二七本、カシュカ式の箙四つ、（その中に）矢八七本』」という記述があり、弓矢が使われていたのは間違いない。

その他の武器・武具として、ボアズキョイの「王の門」の浮彫にも描かれているように、闘斧や兜が使われ、どちらも実際に出土しているが（青銅の兜は近年オルタキョイで初めて出土した）、高位の者だけが所持できる威儀的な武装だったのだろう。一方、軽装歩兵の武器として石礫《いしつぶて》が使われた可能性もあり、こちらはテル・ハラフ（古代名グザナ）出土の後期ヒッタイト時代（紀元前十世紀）の浮彫に、スリングショットを使う兵士の姿が描かれている。

ヒッタイト時代の主要兵器は、何といっても戦車（チャリオット）であった。より北方のユーラシア（中央アジア）の草原地帯で家畜化された馬に、従来の板で組まれた車輪に比べてはるかに軽快で速度が出るスポーク式の車輪を持つ戦車を組み合わせたこの兵器は、紀元前二千年紀前半に西アジアにも出現し、それまでの歩兵主体、せいぜいオナガー（アジアノロバ）の鈍重な戦車を持つに過ぎなかった軍隊を圧倒したらしい。その「軍事革命」の波は

ボアズキョイの「王の門」に刻まれたヒッタイト王（？）の姿（アナトリア文明博物館）

エジプトにも及び、ヒクソス（異国の支配者）に下エジプトの支配を許すに至った。こうして、西アジアやエジプトでは戦車戦が広く採り入れられ一般的になった。なお、この時代にはまだ、馬の背中に直接乗る騎乗は、伝令兵や緊急時においてのみ、例外的にしか行われていなかった。馬が家畜化されてから既に二〇〇〇年以上が経過していたが、馬は大変デリケートな動物で、その背中に乗れるようになるには、なおも試行錯誤が必要だったのである。騎兵が登場するのは、ヒッタイト帝国滅亡から数世紀を経た、紀元前九〇〇年頃以降である。

戦車を操っていたのは、「マリヤンヌ」と呼ばれていた貴族戦士階級である。日本の源平合戦でいえば騎馬武者にあたり、（軍勢全体の中では少数に過ぎない）戦車同士の戦いが会戦の帰趨《きすう》を決めたらしい。この高貴な戦車乗員を保護するため、戦車戦の登場とほぼ同時期に、西アジアでは札甲《さつこう》（うろことじの鎧）が登場した。手綱を握ったり武器を操ったりする戦車兵は身を守る術がなく、かつ車上で少しでも動きやすくするための工夫である。もっとも、エジプトの浮彫に描かれている通り、戦車兵を除くほとんどの兵士は防具らしいものを身につけておらず、せいぜい木の板に牛皮を張った盾を持つくらいであったろう。先にも触れたが、歩兵の主な役割は、戦車の突進を槍衾で防ぐ、あるいは戦車同士の戦いで斬られたり矢にあたったりして転落した戦車兵にとどめを刺したり生け捕りにしたりするといった役割だったのかもしれない。

ヒッタイトの遺跡から小札《こざね》（札甲を構成する青銅製の小板）も断片的に出土しているが、もっともまとまった形で出土したのはレバノンのカーミド・エル＝ロズ（古代名クミディ）という遺跡で、復元によれば、くるぶしまでの全身を覆う鎧の場合、使用する小札は四〇〇〇枚、重量は二七kgにもなったと考えられている。ヒッタイトと同時代のミタンニの文書では、一〇kg弱の鎧にも言及されており、腰から上だけを保護する胸甲《きょうこう》が存在した可能性も否定できないが、戦車兵は基本的に戦車に乗って移動・戦闘するので、防具は防御に主眼が置かれ、機動性を重視した胸甲を使用していたとは考えにくい。

管見の限りでは、西アジアで胸甲が登場するのは、紀元前八世紀のアッシリア帝国の時代になってからであり、その頃には大量生産された鉄製の武器を持った歩兵による大規模な集団戦闘が行われるようになっていた。なお、本章末尾で後述するが、ヒッタイト帝国末期と同時代の青銅器時代のヨーロッパでは、青銅製の胸甲や脛当《すねあ》てが登場しており、ラメセス三世のメディネト・ハブ神殿の浮彫でも「海の民」が胸甲を着た姿で描かれているが、西アジアでの出土例はまだない。

クシャックルで出土した厩舎の跡。中央奥の中庭を囲む形で馬が並んでいた

ヒッタイトの戦車の実戦での威力

鉄と並んでヒッタイトの力の源泉として必ず挙げられる戦車であるが、実のところヒッタイトの遺跡から戦車そのものが出土した例はない。トルコ南東部のリダル・ホユックという遺跡で車輪の痕跡（車輪自体は腐朽してなくなっていた）が、クシャックル（古代名サリッサ）で手綱を結わえる石製品が、そしてクシャックルの近くのシャルクシュラで出土したとされ、現在はベルリン美術館に所蔵されている青銅製の銜《くつわ》（馬の口に咥《くわ》えさせて手綱を結び付け、馬を制御する器具）があるくらいである。厩舎については、クシャックルから、ウマ科動物の遺骨を伴う建物の跡が城門の近くで発見されており、厩舎《きゅうしゃ》と考えられている。

唯一ヒッタイトと同じ時代の戦車が丸ごと出土したのは、エジプトのツタンカーメン王墓（紀元前一三二三年頃没）であり、その墓室内に車輪を外した状態の完全な戦車が残されていた。これは狩猟に使われた軽快な戦車といわれるが、エジプトの戦車は車上で矢を射るスピード重視のものであったらしい。この時代のエジプトの浮彫には、流鏑馬《やぶさめ》よろしく、ファラオが疾走する戦車の上から的を射抜く姿が残されている。ツタンカーメン王墓の出土戦車を基にして、戦車の平均速度は時速一六㎞、最大で時速三〇㎞と推定する研究がある。また矢の発射速度は一分間に六〜一〇発くらいと考えられる。

繰り返し参照してきたエジプト側に残されているカデシュの戦いの浮彫を見ると、エジプト側の戦車は二人乗り（御者と射手）かつ車軸が車体の最後部に付いているのに対し、ヒッタイトの戦車は三人乗り（御者、槍を持つ戦士、盾持ち）で車軸が車体中央下部に付いており（ただしこの表現は必ずしも全車両に当てはまらず、単に図像表現上の揺らぎかもしれない）、明確な差異が描き分けられている（なおラメセスの父セティ一世時代の壁画では、ヒッタイト戦車の乗員は二人で描かれている）。投槍を攻撃兵器とするヒッタイト戦車の方が重武装の重戦車ということになろうが、乗員が多く重量がかさむために当然速度は落ち、また車軸に重量がかかる車体構造を見ると、そもそもエジプト戦車に速度で劣っていた可能性がある。また攻撃兵器の速射性でもエジプト戦車に劣っていたであろう。これらはもちろん、古代エジプト人が描いた図像が正確であると仮定したうえでの話であり、ボアズキョイ出土文書には、戦車隊が一万七〇〇〇本の矢を備えていたという言及もあり、やはり戦車隊も弓矢を使っていたと考えてよかろう。

ある文書によれば、戦車隊は一〇〇〇両ずつ左右二つの部隊に分けられ、それぞれを左右の監督官が指揮しており、のちの騎兵と同じく中央を歩兵隊が固め、戦車隊が敵を左右側面から攻撃するのが戦術の常套《じょうとう》だったらしい。

そもそもの疑問として、当時の戦車の荒地や山地での走破性への疑問もある。なだらかとはいえ山地の多いアナトリアではなおさらである。これについては、当時の戦争はいわば「貴族のスポーツ」のようなもので、事前に戦車の走行に向いた開豁地《かいかつち》（平地）などを選んで会戦が行われた可能性もあるだろう（二〇〇四年のアメリカ映画『トロイ』の冒頭に、戦闘前に両軍が向き合う場面が再現されている）。

それに関連するのだが、エジプトには「シェルデン」と呼ばれる、おそらくヨーロッパ（サルデーニャ島）出身の歩兵の傭兵集団がいた。アメンヘテプ三世（紀元前十四世紀後半）以降の史料に繰り返し言及され、カデシュの戦いにも従軍しているが、のちの紀元前一二〇〇年頃には、シェルデンは「ヒッタイトを滅ぼし」、エジプトに襲来する「海の民」の一員にもなっている。

エジプトの壁画に描かれた、ヒッタイトの３人乗り戦車

後期ヒッタイト時代の戦車の図（カルケミシュ出土、アナトリア文明博物館）

アメリカのR・ドリューズという古代史家は、この後期青銅器時代の末期にも「軍事革命」が起き、それまで主役だった戦車戦が、長剣と胸甲を伴う軽快な歩兵の集団戦に圧倒されたという説を唱えた。カシュカにせよシェルデンにせよ「海の民」にせよ、ヒッタイトやエジプトという「文明国」が守っていた戦車戦という「戦いの作法」(常識)を破ることで「戦場での下剋上」を起こし、旧来の文明を圧倒したという説があることを紹介しておく。

第十一章　ヒッタイトの都市とインフラ

約四〇〇〇年間、都であり続けたハットゥッシャ

ヒッタイト帝国の行政単位は都市であり、都市はそれぞれの地域の中心であった。そもそも「ハッティ」という国名は「ハットゥッシャ市」の名に基づいた地名のようであり、「ヒッタイト（ハッティ）王国」を表記する際には「KUR.URU.Ha-at-ti」と書かれる。KURは国、URUは都市を表すシュメール語だが、つまり「ハッティ市の国」と書かれており、都市名が国家名となっていた。しいて今の日本でいえば、「日本国の東京都」ではなく、日本は「東京都の国」ということになる。都市がすなわち国を代表していたことが分かる。

また各地域では、都市が周囲にある集落（村や農場）を管轄していたものと思われる。トルコの考古学者T・オクセはトルコ中央部（やや東寄り）のスィヴァス県で遺跡の分布調査を行い、その結果をもとにヒッタイト帝国時代の遺跡を抽出し、遺跡の大きさにより、大きい方から順に「都市」（一八ha以上）、「小都市」（七～一八ha未満）、「村」（三～七ha未満）、「農

ヒッタイト帝国の都市一覧

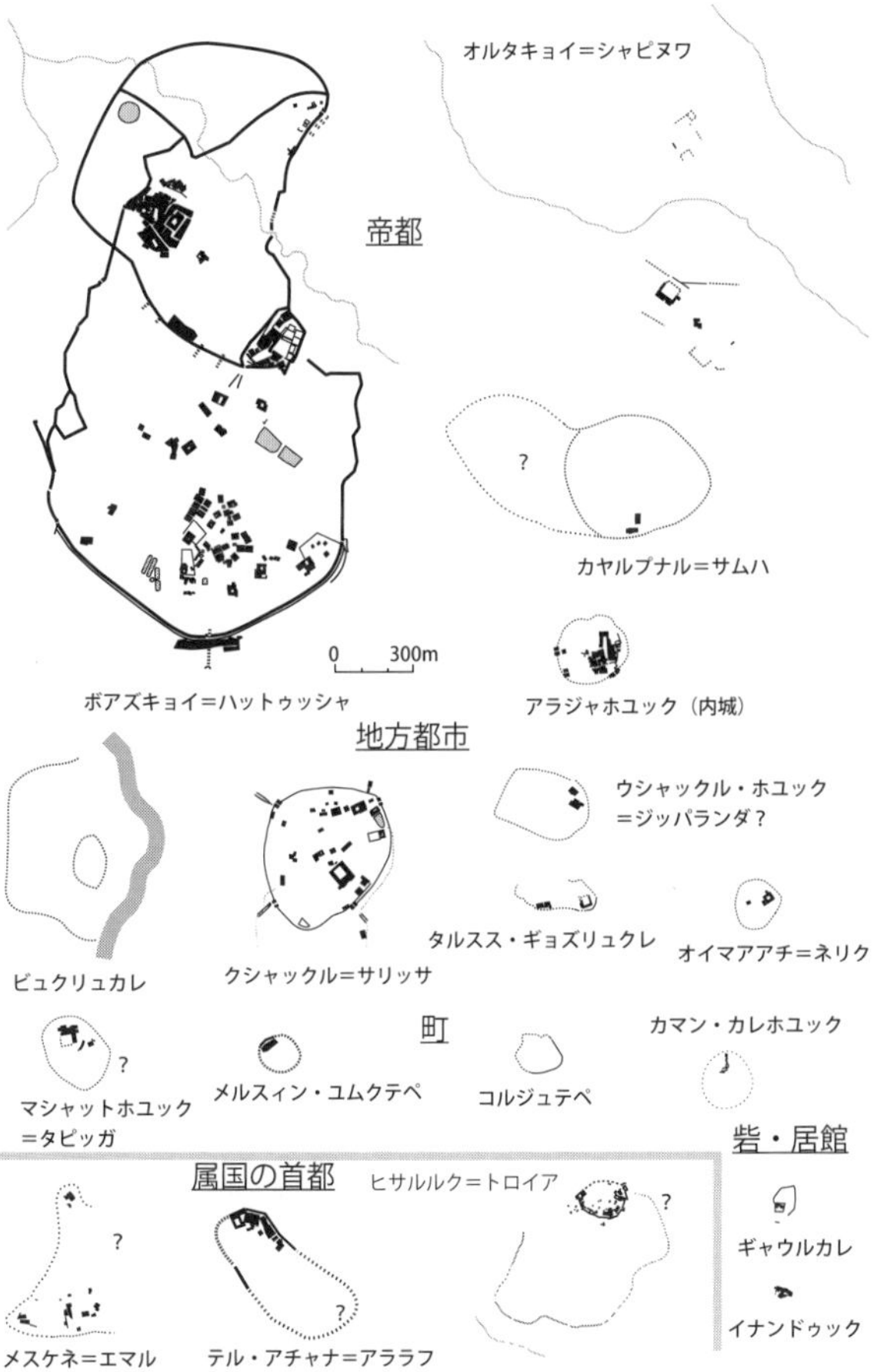
帝都
オルタキョイ＝シャピヌワ
?
カヤルプナル＝サムハ
0 300m
ボアズキョイ＝ハットゥッシャ
アラジャホユック（内城）
地方都市
ウシャックル・ホユック
＝ジッパランダ？
タルスス・ギョズリュクレ
オイマアアチ＝ネリク
ビュクリュカレ
クシャックル＝サリッサ
町
カマン・カレホユック
?
マシャットホユック
＝タピッガ
メルスィン・ユムクテペ
コルジュテペ
砦・居館
属国の首都
ヒサルルク＝トロイア
?
?
?
ギャウルカレ
イナンドゥック
メスケネ＝エマル
テル・アチャナ＝アララフ

場」（三ha未満）に分類している。筆者は単に遺跡の大きさではなく、城壁の有無などによる定義で考えて、オクセが「村」とする遺跡も都市と呼ぶべきではないかと思っているが、一つの目安にはなろう。

もっとも、ヒッタイト帝国時代の村落に関する考古学的な手掛かりを私たちはほとんど持ち合わせていない。というのは考古学者が調査を希望するのは、どうしても宮殿や粘土板文書の出土が見込まれる大型の遺跡になるため、これまで確実に「村」と呼べる遺跡の発掘例はないのである。例えば日本隊が調査を続けているカマン・カレホユックは面積約五haなので、オクセの分類によれば中型の村ということになろうが、筆者は大型穀物貯蔵施設などを備えていたこの集落を村と呼ぶことには抵抗を覚える。

これまでヒッタイト帝国時代の遺跡は十数か所が発掘されており、そのうち一〇か所で粘土板文書が出土した。やはり一番大きいのは首都であるハットゥッシャの遺跡ボアズキョイで、城壁に囲まれた区域は一八〇haに及ぶ。それに匹敵する可能性があるのは一九九〇年代に発掘が始まったオルタキョイ（古代名シャピヌワ）のみであり、実際にこの遺跡からは数千枚の粘土板文書が出土している。

一方、発掘が行われた一番小さい遺跡はイナンドゥクであり、二ha程度のごく小さい遺跡である。中庭を囲んだ数軒の建物や祭礼場面を描いた（より正確には浮彫表現の）壺やテリピヌ王の名が記された粘土板文書が出土した。発掘者のT・オズギュッチは小さいながらも豊富な出土品があるこの遺跡を神殿と推測したが、豪族の居館とする意見もある。

では、ヒッタイト帝国の各都市やその内部にあった施設などを見ていこう。

ヒッタイト帝国のほぼ全期間、帝都の役目を果たしたのがハットゥッシャである。現在のボアズキョイの遺跡がそれにあたり、遺跡名はトルコ語で「峠の村」くらいの意味である。なお遺跡に隣接する村の名前は現在ボアズカレ（同じく「峠の城」の意）と改められている。この巨大な遺跡は十九世紀前半に初めて紹介され、一九〇六年に本格的な発掘が始まり、中断はあるものの、一世紀以上にわたりドイツ隊が調査を続けている。一九八六年にはユネスコ世界遺産にも登録された。現在は幹線交通路から離れた割合僻地に位置することもあり、ツアーを除けば観光客は決して多くはない。発掘隊の宿舎もあるボアズカレ村にはホテルが数軒あり、大きくはないが遺跡博物館もある。南北二km、東西一・五km、遺跡内の比高差は二八〇mもある巨大な遺跡であり、見学には少なくとも丸一日を要し、徒歩では難しい。

ボアズキョイでは、今から八〇〇〇年前の銅石器時代には人が住み始め、前期青銅器時代（紀元前三千年紀後半）には、のちにヒッタイト時代の王宮が置かれるビュユックカレ（トルコ語で「大きい城」の意）の岩山を中心に大きい集落が形成された。紀元前二〇〇〇年頃に

ボアズキョイ（ハットゥッシャ）

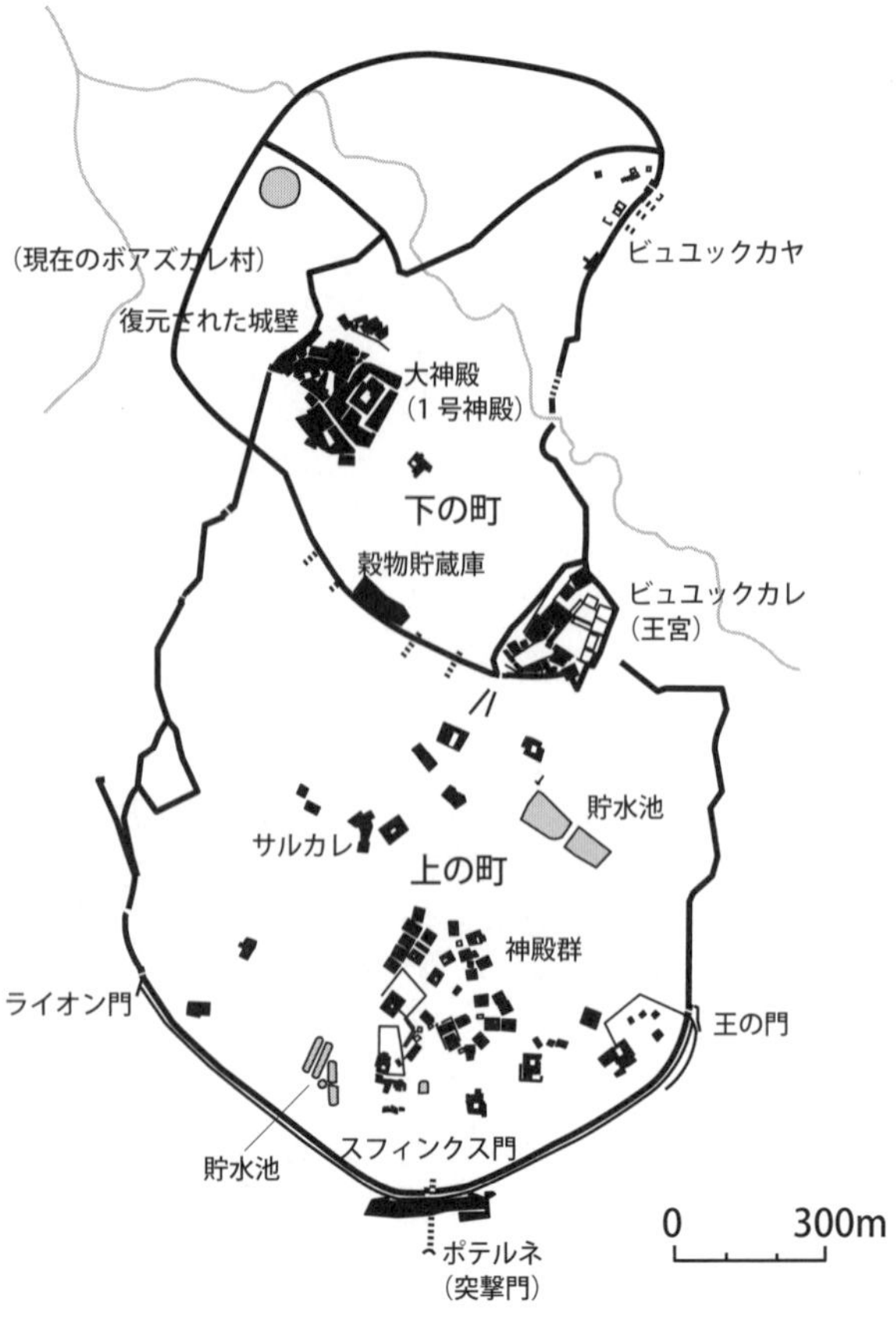

は都市国家となり、アッシリアから商人が訪れ、その居留地（カールム）を営んだ。ヒッタイト帝国の始祖とされるネシャ王アニッタによりハットゥッシャが攻撃されて破壊され、呪いがかけられたことは、既に第一章で触れた通りである。

紀元前一六〇〇年頃、クッシャラ（位置不明）の王だったハットゥシリ一世はこの都市を首都に選び、自らの名を「ハットゥシャの人」を意味するハットゥシリと改め、国号を「ハッティ国」とした。以後約四〇〇年間、ムワタリ二世時代（紀元前一三〇〇年前後）のタルフンタッシャへの遷都の時期を除き、この都市はヒッタイトの都であり続けた。その間、カシュカ族に攻撃されて炎上したこともあった。

最近の化学的年代測定によれば、ハットゥシリが都を定めた当時のハットゥッシャは、ハットゥッシャが最大面積になった頃の半分くらいの大きさであり、のちに「下の町」と呼ばれる北半分の区域のみであったらしい。ところが紀元前十六世紀後半（おそらくテリピヌ王の時代）、ハットゥッシャ市は「上の町」と呼ばれる南へと拡張され、その総面積は一八〇haに及び、周囲を総延長七㎞に及ぶ城壁で囲まれ、現在も遺跡として残る威容を示すようになったと考えられている。

ボアズキョイの城壁の復元工事の様子（2005年）

城壁に囲まれた王宮、神殿群

ハットゥッシャ全体を囲んでいた城壁はケースメート式城壁（箱式城壁とも）と呼ばれるもので、基礎部（高さ三mほど）は石、その上部は日干し煉瓦と木材の組み合わせでできていた。石と粘土と木材の絶妙な組み合わせが、乾燥はしているが石材や木材にも恵まれたアナトリアを本拠としていたヒッタイト建築の特徴である。二〇〇五年の前後、ボアズキョイの発掘隊長を務めていたJ・ゼーアー氏は、当時と同じ素材を使って、遺跡の入口料金所の脇でこの城壁の復元を行った。

当時筆者は折よくその現場を訪ねる機会があり、復元作業を案内してもらった。粘土を水や切り藁と混ぜ、型枠にはめてレンガ（四五cm×四五cm×一〇cm、一個約三四kg）を型抜きし、それを二週間（夏季の場合）乾燥させ、日干しレンガを

ボアズキョイ、ビュユックカレ（王宮地区）

作る。出来上がった無数のレンガを積み上げていき、屋根には木の梁を架けて石灰を混ぜた粘土を塗っていく。高いところに猫車を使ってレンガを運ぶために、土砂で斜めのスロープを作っていた。そのスロープ作りのみはトラクターやブルドーザーを使ったが、その他は全て三〇人ほどの作業員の人力によるものだった。

高さ七m（塔の部分は一二m）、長さ六五m分の城壁を作るのに、作業員約三〇人とブルドーザーなど重機を使って足掛け三年かかり、使用した六万四〇〇〇個の日干しレンガを作るのに要した粘土は二七〇〇t、水一五〇〇t、藁一〇〇tであり、加えて足場用の土砂一七五〇tを使用した。これだけの物資と時間を要したが、長さ六五mはハットゥッシャの城壁全体の一％に過ぎず、王宮、神殿群や住居など、城壁以外の建築物も含ん

ボアズキョイの「突撃門」とスフィンクス門

だハトゥッシャの都全体にどれほどの物資や労働力が投下されたかと考えると、気が遠くなる思いである。

なお、足掛け三年かかったのは、単に労働者の数や建設規模の問題ではない。まず冬は降水・積雪のため作業自体が難しい。また、建設期間中の冬から春にかけて、城壁の表面に塗っていた泥（漆喰《しっくい》）が剝《は》がれ落ちたのを補修する必要が生じた。冬やその前後に雪や雨が比較的多いアナトリアでは、泥漆喰や日干レンガの表面が水気で溶けてしまうため、毎年表面の塗り直しをせねばならず、建てるだけではなく維持するためにも労力がかかる。現在の発掘隊長A・シャハナー氏にいわせれば、この毎年春の表面補修をしなければ、この城壁も「一〇年もすれば巨大な土くれの山になってしまうだろう」とのことだった。

ハットゥッシャの少なくとも南半分（上の町）は内外二重の城壁に囲まれており、南端には日本語で「突撃門」と通称される、城壁の下をくぐる長さ二五〇mのトンネル状の門（ポテルネ）、その奥にはスフィンクス像が両脇を守るスフィンクス門がある。このスフィンクス門が遺跡の最高地点であり、北半分の「下の町」からも見ることができる。「突撃門」はこの門が軍事的目的で作られたという推測からつけられた日本での名称で（トルコ語では単に「地下門 Yerkapı」と呼ばれる）、確かに外側の巨大な石垣はいかにも厳《いか》めしいが、実際は宗教儀礼上の意味があった門らしく、それを裏付けるように、トンネル内部の壁面に象形文字が多く書かれていることが二〇二二年に判明した。

「上の町」の南東には、門の内側に武装した人物の浮彫がある「王の門」、南西には門の内側の左右をライオン像が守る「ライオン門」がある。どちらの門も外側にスロープ状になった導入路が作られており、戦車での走行のためと考えられる。今は失われているが、門の上にはアーチ状に巨石が積まれていた。「王の門」の浮彫の人物像（二〇四ページ参照）は上半身裸で腰布一枚であり、兜（神格を表す、牛の角が生えた角冠）と斧で武装している。この人物には髭がないため、以前はこの像を女性とする説もあったようだが、よく見ると胸毛が彫られており、男性と分かる。ハットゥッシャの他の門にはこのような浮彫はないため、この

ボアズキョイ「ライオン門」の内側。近年左側のライオンの顔が想像復元された

ボアズキョイ「王の門」の外側にある導入路

門とスフィンクス門の二つの門は、特に儀礼上の役割があったと推測される。
「上の町」の内部には、三〇を超える大小の神殿群や、貯水及び儀礼に使われた貯水池、自然の岩山の上に石壁を積んだ何かの施設（ニシャンテペ、クズラルカヤ、イェニジェカレ、ケスィッツクカヤ、サルカレ）などがある。「上の町」になぜこうも多くの神殿があるのかはよく分かっていないが、帝国内の各地の神々を祀るための神殿群とする説がある。この神殿群はヒッタイト帝国の滅亡より少し前の紀元前十三世紀半ばにはあらかた放棄されてしまい、跡地は土器焼工房になっていたらしい。岩山を利用した施設の方は今もって用途が不明だが（一部の岩は石切場としても利用されていた）、あるいは現在に至るまで発見されていない、ヒッタイト王の廟所のようなものがあったのかもしれない。またサルカレの西側にある谷底には、大臣の居館と推測されている建物が数軒並んでいた。

城壁と塔をかたどった土器。ボアズキョイ出土
（アナトリア文明博物館）

王宮地区にあたるのは遺跡の中央部の岩山（五〇

ボアズキョイ「上の町」の神殿群

〇m×三〇〇m）上にあるビュユックカレ（大きい城）地区で、背後を深い谷で守られているうえ、この地区自体が城壁で厳重に囲まれていた。大きさは江戸城の本丸よりやや小さいくらいである。内部には中庭を囲んで一〇を超える建物が並んでいた。列柱（木柱）が並ぶ謁見用の建物、王の私的空間（日本でいう大奥）にあたる建物、大量の粘土板を保管する文書庫、儀礼を行う人工池などがあった。前述の城壁を復元した際、前発掘隊長のゼーアー氏は「最初は宮殿を復元しようとも思ったが、外見が地味なので城壁の復元にした」と私たちに語っており、外見上は直方体をした土色の大きな建物が所狭しと立ち並ぶ感じだったのだろう。ちなみに、発掘調査のみではなく観光客を誘致できるような、建築物の復元をドイツ隊に義務付けているのは、発掘許可を出すトルコ側であ

ボアズキョイ大神殿とその周囲の舗装路

る。

遺跡の北半分にあたる「下の町」には、大神殿（1号神殿）とそれを囲む倉庫群、一般庶民（神殿に仕える職人など）の住宅地などがあった。中心となる大神殿は短辺四二m、長辺六五mを測り、他の神殿と同様、広い中庭を多くの小部屋が囲んで配置されており、北側の端に礼拝室が二つある。礼拝室が二つある神殿は、この大神殿のみであり、おそらくはヒッタイトの最高神である「ハッティの天候神」と「アリンナの太陽女神」の二柱をそれぞれ祀っていたものと思われる。

大神殿の周囲には一二〇m×二〇〇mにわたり倉庫（細長い部屋）がめぐらされ、人間が一人すっぽり入れるほどの巨大なピトス（大甕）がそれぞれの部屋の内部を埋め尽くしており、おそらくはその大甕の中には穀物やワインが貯蔵されており、神殿の経済的実力や権威のほどが察せられたのだろう。権威といえば、この大神殿地区の周辺は全て、建物の基礎には巨石を積み、精巧な石材加工を施して建設され、道には巨石が敷き詰められて舗装されており、その建設のための労力のほどは計り知れない。日干しレンガの建物だったため上部構造は土くれに帰し、今でこそ基礎部しか残っていないが、かつての姿はいかに豪壮だったろうか。

これほどの都市を建設・維持するには、当然多くの労働者が必要だったと思われるが、「下の町」の南端からは穀物を貯蔵するために紀元前十六世紀後半に建設された施設が発見されている。その内部からは炭化した穀物四tが出土した。これが多くの労働者を支えていたのであろう。試算によれば、この施設には二万～三万人を一年間養えるだけの量（四〇〇〇～六〇〇〇t）の穀物が貯蔵できたという。なお、現発掘隊長のシャハナー氏は、ハットゥッシャの当時の人口を一万～一万二〇〇〇人程度と推測しているという。

上水道・貯水池など給水網を備えていた都市

一九八〇年代までは、ヒッタイト帝国研究の多くは、ボアズキョイの発掘成果と、楔形文字粘土板文書の解読の成果に拠っていた。アラジャホユック（古代名アリンナとする説もあるが、確定はしていない）、マシャットホユック（古代名タピッガ）などの発掘調査で、大規模なヒッタイト帝国時代の神殿もしくは宮殿が出土したが、ヒッタイトの地方都市の全貌を明らかにするには及ばなかった。

それが変わったのが、一九九〇年代に始まった、オルタキョイ（古代名シャピヌワ）とクシャックル（古代名サリッサ）の発掘である。前者は粘土板文書数千枚が出土したことで、文書解読に重点が置かれてしまい、考古学的な成果の公開は二の次になっている観があるが、クシャックルの発掘は、自然科学とも協働して、ヒッタイト帝国時代の実像について様々な新たな知見をもたらすことになった。クシャックルの発掘隊長はドイツのマールブルク大学のA・ミュラー＝カルペ教授であり、筆者は同大学の院生としてこの発掘に参加した。

クシャックルはトルコ中央部のやや東寄りのスィヴァス県にある、直径六〇〇mほどの不整形な円形をした都市遺跡であり、その面積は一八haと、首都ハットゥッシャのちょうど一〇分の一のサイズである。もっとも、ミュラー＝カルペ教授は最近の著書で、城壁に囲まれた外側（北側）にも居住地が広がっていたとしており、遺跡の総面積はさらに大きくなる可能性がある。「クシャックル」とはトルコ語で「帯状の」という意味で、遺跡中央の小さい丘を囲んで、城壁だった部分が環状に盛り上がっているさまを示している。

ヒッタイト帝国の初期、紀元前十六世紀後半にここに都市が建設されるまで、人が住んで

クシャックル図面

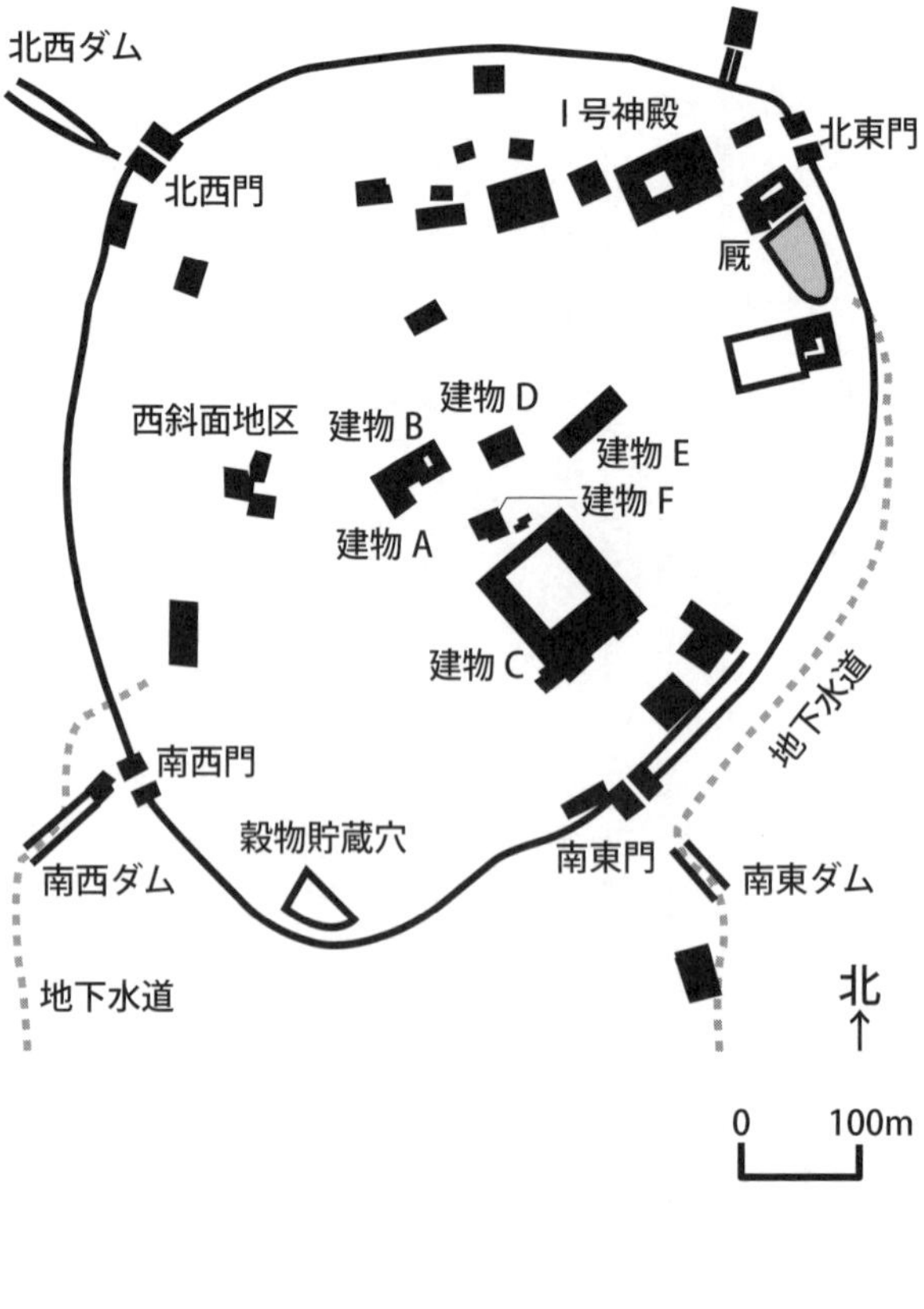

北西ダム
北西門
I号神殿
北東門
厩
西斜面地区
建物 B
建物 D
建物 E
建物 F
建物 A
建物 C
地下水道
南西門
穀物貯蔵穴
南東門
南西ダム
南東ダム
地下水道
北
0
100m

いた痕跡はなく、ヒッタイト帝国により計画的に新都市が建設されたらしい。それを示すのは四つの城門の位置関係で、それぞれが互いに東西南北に対応する方角に配置されている。また神殿なども一定の軸線に従って配置されていることが分かる。ヒッタイト滅亡後、この遺跡に人が住むことはほとんどなかったため分厚い堆積がなく、そのことは特に二十世紀末に技術が向上した地中探査をするうえで大きなメリットとなった。調査が始まったきっかけは、畑になっていたこの遺跡で、一九九二年に粘土板のかけらが地表で採集されたことである。

「サリッサ」という古代名は、出土した土器片に書かれていた「サリッサの王」という象形文字から判明したものである。この都市名は、紀元前一二五九年に締結されたヒッタイトとエジプトの和平条約の条文で、両国の王が誓いを立てる神々の中に「サリッサの天候神」が登場していることから、重要な都市の一つであったと推測される。

クシャックルの発掘では前述の好条件により地中探査が大きな威力を発揮し、当てずっぽうに発掘せずとも、どこにどのくらいの規模の建物が埋まっているかを事前に推測できた。もっとも、一部の建物は、発掘前から既に壁の石列が地表面に露出した状態であった。一九九三年から二〇〇四年までの発掘で、城壁内からはA～Fまでの番号が振られた建築物、I

クシャックル、建物Cから出土した、２頭の牛の形をした酒器

号神殿、西斜面の居住地区、南東門と北西門、厩、地下穀物貯蔵施設、城壁の一部などが発掘された。また粘土板文書四〇点ほどが発見された。

このうち最大の建築物は建物Cと呼ばれる、「サリッサの天候神」を祀っていた神殿と考えられる建物で、大きな中庭を備え、七七m×七四mを測り、神殿単体ではハットゥッシャの大神殿よりも大きく、これまで知られているヒッタイトの神殿で最大のものである。内部からはビールを醸造・貯蔵した部屋や、二頭の雄牛（天候神の戦車を牽き、フリとシェリという名をもつ）の形をした土器製のリュトン（酒器）が発見された。紀元前十六世紀の末に建てられたこの建物は、遺跡の斜面の傾斜に合わせて、部分的には三階建てになっていた。この建物は紀元前十四世紀初頭に焼け落ちたらしく、真っ赤に焼けた日干しレンガや、焼失した木柱の痕跡、崩れ落ちた二階部分の床面などが、その火災の激しさを物語っている。

クシャックル、地下穀物貯蔵穴の壁と、土器焼き窯

遺跡の南西隅には、地中探査で「D」の字形をした巨大な施設（最大幅四〇m）の存在が明らかになり、一部を掘ったところ、それは厚さ五m、高さ推定三mの土手で囲まれた地下穀物貯蔵穴であることが判明した。その容積は一二〇〇㎥で、推定七二〇tの穀物を貯蔵できるが、これは約四〇〇〇人が一年間に食べる穀物の量に相当する。

城壁の外でも地中探査が威力を発揮して、地表からは全く分からないダムの存在を明らかにした。この遺跡は南側に山地があり、北に向かって地表や地下を水が流れるのだが、おそらく水堀を兼ねてその水を貯めておくダムが町の周囲三か所に築かれていた。北西のダム壁は長さ六〇m、高さ五m、底面の幅は一五mに達し、ダム壁の傾斜角度は安息角を意識したと思われる三四度である。壁面は隙間なく石が積まれ、内部のダム壁体

クシャックル、北西ダムの全景

の芯となる部分には、水を通さない緻密な粘土が詰められていたが、これは現代のダムの構造と大差ないものである。ヒッタイト時代のうちに一部が破損したらしいが、現にこの場所には今でも大雨のあとには水が貯まることがある。

また、地中探査の結果、遺跡の南側から城壁内に向かって点々と連なるアノマリー（磁気異常）が確認された。ある朝指示を受けた私たちは、城壁外側の指定された地点に赴いたが、現在は畑になっているその地点では、地表からは何も窺えなかった。しかし少し掘ると、すぐに長さ一m、直径三〇cmほどの土管が、何本も繋がれているのを発見した。耕作の邪魔にならぬよう、記録用に一本だけ取り上げて、あとはすぐに埋め戻した。ヒッタイト人は儀礼で清浄な水を使うことにこだわったが、これは清浄な水を市内に運ぶための上水道だったのである。おそらく数千、数万という同様の土管が、遺跡周囲の畑の下にまだ埋まっているのであろう。

クシャックルでの発掘調査により、ボアズキョイ以外でもヒッタイト都市遺跡の全容が初めて明らかになり、またヒッタイト人の生活や技術に関する様々な情報も明らかになった。その調査成果はボアズキョイはじめ他の遺跡でも応用され、ボアズキョイでも水道や貯水池といった給水網の存在が明らかになっている。

クシャックル、畑の下から顔を出したヒッタイト時代の水道管

現在ではボアズキョイの他、カヤルプナル（古代名サムハ）、ビュクリュカレ、カマン・カレホユック、オイマアアチ（古代名ネリク）、ウシャックル・ホユック（古代名ジッパランダか）、オルタキョイ（古代名シャピヌワ）などでヒッタイト時代の都市遺跡の調査が継続されてお

カヤルプナルでの発掘の様子（2005年）。背後に見えているのは「赤い河」

り、粘土板文書も次々と発見されている。このうち特にオイマアアチでは地下トンネル状の祭祀遺構やカシュカ族による占領時の彩文土器が、日本隊が発掘しているビュクリュカレでは中期ヒッタイト時代の粘土板文書が、そしてウシャックル・ホユックでは世界最古の舗床モザイク（単純な幾何学文様）が発見されており、これらの遺跡でのさらなる発見に期待が持たれている。

第十二章　ヒッタイトの人々の暮らし

不作、凶作に備えた穀倉や貯水池

ヒッタイト帝国の中心地だったのは、現在のトルコ共和国中央部の北寄りの地域、「赤い河」（トルコ語名「クズルウルマック」の和訳。ヒッタイト語名はマラシャンティヤ、古代ギリシャ語名はハリュス河）が大きく湾曲して流れている地域の内側である。

「赤い河」は東アナトリアに水源があり、最初は概ね西南西に向かって流れていくが、アナトリアのほぼ中央部、奇岩で名高いカッパドキア地方に差し掛かる辺りで流れを北寄りに転じ、大きくカーブしてさらに流路を北東方向に変え、最終的には黒海に注ぐ。山の多いアナトリアの複雑な地形を反映した流路である。なおトルコ語の「赤い河」の語源は、特に春の水量が多くなる季節になると、鉄分を多く含むアナトリアの土砂がこの河に運ばれ、水が赤く見えることに由来する。一年中いつでも赤く見えるわけではなさそうである。

この地域は大部分が標高八〇〇m以上の高地にあり、黒海寄りの北側の地域を除くと、ほ

夏の「赤い河」

とんどがステップ気候に属しており、夏は厳しい暑さで極めて乾燥しているが、冬の寒さも厳しく、雪も積もる。日本と同様に四季があり、春は温暖で緑も多いが、夏になると極めて乾燥して降水量も少ない。秋になると徐々に気温が下がり降水量が増え、冬になると厳しい寒さと共に積雪する。冬のうち一～二か月は、地面が雪に覆われたままの状態になる。

年間降水量は南側の地域では三〇〇～四〇〇㎜、黒海沿岸でも多くて一〇〇〇㎜と、日本に比べるとだいぶ少ない。とはいえ、年間を通じてある程度の降水はあり、最古の古代文明が誕生したメソポタミアやエジプトのように、一年を通じてほとんど雨が降らない、あるいは雨が全く降らない季節があるのに比べると、降水量も多く、そのため樹木も比較的広い地域に繁茂しているといえるだろう。

降水量はとりわけ生活の基盤となる農業に大きく関係している。約一万年前に西アジアで農耕・牧畜が始まって以来の主食であるコムギを天水農耕（人工的な灌漑《かんがい》に頼らず、もっぱら雨水や雪融け水頼みで行う農業）で栽培するには、最低でも年間二〇〇～二五〇㎜の降水が必要とされる。

もっとも、乾燥地域での天水農耕というものは極めて不安定で、二十世紀半ばの三三年間（一九二九～六一年）のトルコの統計を見てみると、平均的・中程度の作況はそのうち一四年であるのに対し、大豊作・豊作は一〇年、逆に降水不足・旱魃などによる凶作・大凶作は九年あった。中程度の作況では一haあたり七〇〇～八〇〇kgのコムギが収穫できたのに対し、豊作では九〇〇～一〇〇〇kgの収穫量、逆に凶作では五〇〇～六〇〇kgである。三三年間のうち二年あった大凶作の年には、平年の半分以下の一haあたり四〇〇kgにも満たないコムギしか収穫できなかった。

コムギの収穫期である七月の直前まで降水があれば作況は良くなるが、三月を最後に降水がなくなってしまうと作況は悪化する。もっとも、降水が多すぎたり長引いたりすると、穀物以外の果実の作柄には悪影響を及ぼすので、雨が多ければ全てよいというものでもない。

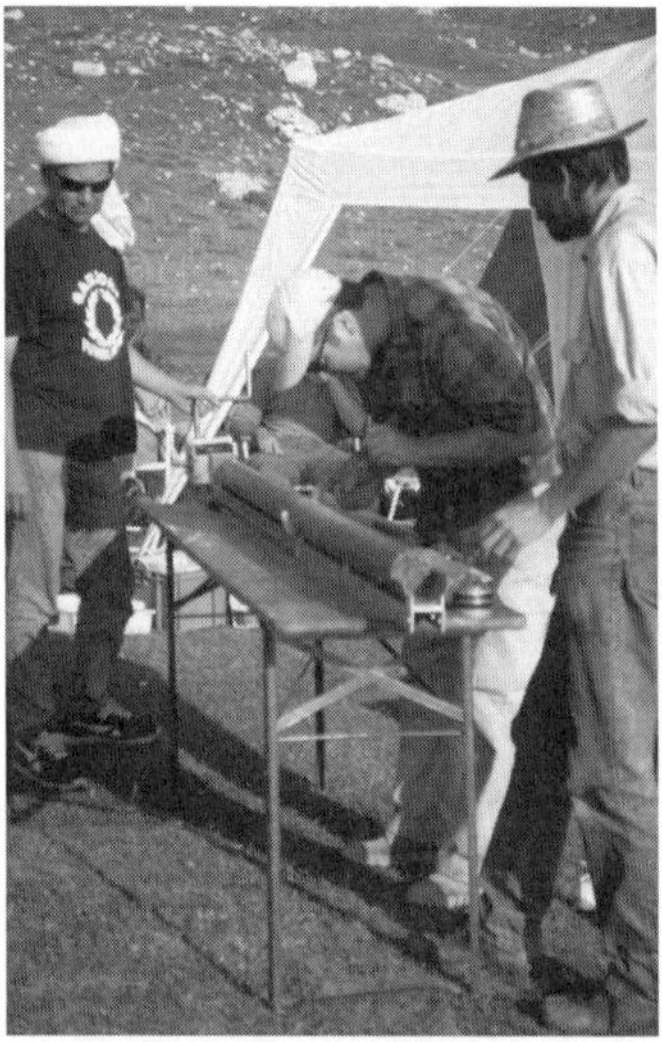

湖底から採集したボウリングの土壌サンプルを調べ、古環境を復元する

　二十世紀においてもこれほど不安定であったのだから、三〇〇〇年以上前のヒッタイトの時代には、天候不順以外にも戦乱や疫病など、様々な原因で不作になったことは容易に想像できる。そうした危険に対し、古ヒッタイト時代の紀元前十六世紀には各都市に大規模な穀倉（地下式の穀物貯蔵施設）や貯水池（ダム）が設けられ、またヒッタイト帝国の末期、紀元前十三世紀にも、各地に貯水池や穀倉が建設されたことが判明している。

　ヒッタイト帝国よりも約二〇〇〇年前、古代メソポタミア文明初期のシュメール人の都市国家の繁栄を支えていたのは、集中管理された灌漑農耕システムによる、ときに播種《はしゅ》量の数十倍にもなったという高い収穫率（生産性）であった。残念ながらヒッタイトの農業に関しては収穫率の記録は残っていないが、オスマン帝国時代（十六世紀頃）のアナトリアでは、播種量の約一〇倍程度の収穫率であったという記録があり、気候などに大差がないと仮定すれば、ヒッタイト帝国の時代は最大でも概ねその程度であったろうと思われる。

当時の農業に影響した気候の変化や古環境復元に関する研究は、二十世紀末に長足《ちょうそく》の進歩を遂げた。湖底などに堆積している土壌をボウリングにより採集し、その中に残されている花粉化石を分析することで、時代ごとのその地域の植生（周辺に繁茂する樹木の種類）の変遷を明らかにする環境考古学というものである。これまでの研究成果を総合すると、紀元前十七～十三世紀のヒッタイト帝国の時代の間でも何度か乾燥期と湿潤期が交互に訪れていた。紀元前一五五〇～一四五〇年頃（古ヒッタイト時代の後半期から中期ヒッタイト時代の前半期）、そして中期ヒッタイト時代の後半期にあたる紀元前十四世紀前半にも乾燥期が訪れたらしい。そして、ヒッタイト帝国の末期にあたる紀元前十三世紀（ヒッタイト新王国時代もしくは帝国期）以降、数世紀にわたる大規模な乾燥期に見舞われたことが判明している。

不作や凶作に対して、人間はそれを乗り越えようと何らかの手段を取ってきた（レジリエンス）。実際にヒッタイト人は穀物倉や貯水池を設置して危機を何度か乗り越えた。「乾燥期が来れば帝国が弱体化する」という単純な議論は避けねばならないが、ヒッタイト帝国末期の乾燥期はとりわけ長期にわたるもので、直接的な原因ではないにせよ、不作が重なることでそれまでヒッタイト帝国を支えてきたシステムが破綻するに至った（直接的には内紛や外

今は荒涼としたクシャックルの周辺にも、ヒッタイト時代以前には森があった

敵の侵入という形をとる）と考えることは許されるだろう。

　気候変動以外にも、人間による自然環境への働きかけ（あるいは破壊）があったものと考えられる。例えばクシャックル（古代名サリッサ）の周辺で行われた古環境研究では、近隣の湖底から深さ六ｍのボウリングで得られた土壌サンプルが調べられた。クシャックルは標高一七〇〇ｍ近くの冷涼な高地に位置するが、この地にヒッタイトの都市が新たに建設された紀元前十六世紀後半に、一万年以上前から長らく支配的だった針葉樹林が後退し、ブナ科植物が増加したことが判明している。例外的な高地で都市が建設できたのには、当時の気候変化が恩恵となったものと推測されている。

　ところが、サリッサ市が建設されて以降、樹木花粉の割合が急激に減少しており、これはヒッタイト時代の農地開発に伴う森林伐採などが背景にあると考えられている。現在この遺跡の周りには森と呼べるものはなく、せいぜい灌木《かんぼく》が生える程度の禿山《はげやま》ばかりであるが、人間の活動と気候の乾燥化もあいまって、ヒッタイト時代以降現在に至るまで、この地域には森林は復活しなかった。遺跡近くの涸れ川から得られた土壌の分析でも、過去数千年間で土壌の流出（河床への堆積）がもっとも激しかったのは、二十世紀以前ではヒッタイトの時代とローマ時代であったことが判明しており、人間の活動が周辺環境に与えた影響が明らかになっている。

動物は牛を重視、パンへの愛も

遺跡の発掘では様々な遺物が出土するが、過去の人々の生活を遺物に直接的に物語らせる研究法が、獣骨の分析を中心とする動物考古学と、植物遺存体の分析から食生活を復元する植物考古学である。二十世紀後半以降、動物考古学や植物考古学は、遺跡調査の欠かせない一部になっており、もはやこれら抜きでの発掘調査や考古学研究は考えられなくなっている。さらに最近では、人骨や土器（土器そのものではなく、土器の表面に付着した、あるいは中にしみ込んだ食物の痕跡）に残された炭素や窒素といった元素の安定同位体測定から、当時の人々が日常的にどのようなものを主に食べていたのかも推測できるようになってきた。

羊の群れ

動物考古学の成果によれば、ヒッタイト時代にもっとも多く飼養されていたのは、ヤギ・羊であり（骨だけではヤギと羊を区別するのは難しい）、これは西アジア全体の農牧複合経済に共通するものである。ヤギ・羊は肉の他に、羊毛やヤギ乳の利用も行われていたはずであり、乾燥地が多い西アジアにおいては、乾燥に強く、乏しい植物をも餌にできるヤギ・羊は主要な家畜であった。神々へのいけにえや、内臓占い（内臓の形状や色で卦《け》を読む占い）は、もっぱら羊で行われた。

もっとも、単純に獣骨の出土点数ではヤギ・羊が出土獣骨全体の過半を占めるのだが、牛の骨は一点一点が大きく重いため、重量比でみると牛が出土獣骨全体のかなりの部分を占め、牛の飼養がヒッタイト時代の牧畜で極めて重要であったことが窺える。牛の飼養には大量の草や水を必要とす

羊飼いと牧羊犬

るため、西アジアにおいて牛が飼える地域は限られているが、降水量が比較的多いアナトリアはその点で恵まれていた。牛は食用の他、牛乳の利用もあったが、むしろ牛犂（牛に牽かせる大型の犂）への利用が農作業において重要だった。雄牛は強さや豊かさの象徴でもあり、神々の世界を描いた図像にも雄牛がしばしば登場し、ヒッタイトの最高神である天候神テシュプの象徴でもあった。古ヒッタイトから中期ヒッタイト時代にかけては牛とヤギ・羊の比率は二対三であるが、帝国期になると牛の割合が減って一対二になるとの研究もある。

その他、ヒッタイトの遺跡からは、馬、ロバ、イヌ、豚といった家畜、さらに野生動物（シカ、イノシシ、ウサギ、オーロックス＝野牛、キツネ、鳥類、魚類など）の骨も出土している。馬はいう

アラジャホユック出土の浮彫に描かれた狩猟の図（アナトリア文明博物館）

までもなくもっぱら戦車を牽かせる兵器としての利用であり、ロバは人間や荷物を運ぶ駄獣としての利用であった。野生動物は出土獣骨の一〜二％を占めるに過ぎず、もっぱら食用を目的としたものだが、貴族のスポーツという側面もあった。この他出土例は限られているが、ニワトリ（南アジア原産で当時は希少だった）やカモ、ガチョウも飼われていたらしい。

　変わったところでは（もっぱら文書による言及であるが）、王の食卓にはカキなどの海産物が上ることがしばしばあった。こうした王者向けの希少食材の保存には塩が使われていたことも語られており、塩は味付けだけの利用ではなかったようである。

遺跡から出土する植物の痕跡は、主に種子が炭化した状態で残っている（炭化したことで腐朽を免れた）。一九九八年、ヒッタイトの都ボアズキョイの遺跡内から、紀元前十六世紀の巨大な穀物倉（三三m×四〇m）が発見された。この倉は三二の部屋に分かれており、それぞれの部屋の穀物は別々の場所から運び込まれており、徴税によって大量の穀物が各地からここへもたらされていたことが、近年の研究で判明した。分析の結果、四つの部屋に二条オオムギが備蓄されていた以外は、ほとんど全てがコムギであった。ヒッタイト帝国を支えていたものは、まぎれもなく農業生産、とりわけ穀物の収穫であったといえるだろう。

ヒッタイトの遺跡から出土する穀物は主にアインコルンコムギ、エンマーコムギ、パンコムギ、オオムギである。その他ヒッタイトの遺跡から出土した植物には、レンズマメ、グラスピー（毒性があるが乾燥地や痩せ地でも生育する）、エンドウマメといったマメ類、ブドウ（後述）、オリーブ、ヘーゼルナッツ、イチジク、スイバ（タデ科の多年草）などがある。食用以外では、衣類の原料となる亜麻が出土している。

もっとも、動物利用についてもいえることだが、ヒッタイト遺跡の発掘はこれまで都市遺跡に集中してきたので、都市外での栽培植物についての情報は乏しいといわざるを得ない。文書に言及される限りでは、郊外の住居には家庭菜園や果樹園が付属し、リンゴ、サクランボ、ナシ、プラム、イチジクなどが栽培されていたことは確実である。現代のアナトリアは果物が豊富で美味しいが、これはヒッタイト時代からの伝統なのであろう。

コムギは主にパンに加工されて食べられていた。ヒッタイトの文書史料には、原料となる穀物、粉の挽き具合、添加物、味付け、大きさ、形状、色味などに応じて一四六種類ものパンが言及されている。労働者や兵士の弁当とされた乾燥パンのような実用のパンもあれば、祭儀で使用する動物や神々といった具象的な飾りパンもあり、パンへの執着を感じさせる。今もトルコのパンの美味しさは有名だが、古代から引き継がれた人々のパンへの愛なのかもしれない。

穀物やマメはスープや粥の具材にもなっていたようであるが、残念ながら料理書というものは発見されていない。ただ祭儀などで神々に献じられる食材の記録は残っているので(神々は人間と同じものを食べる)、ヒッタイト時代の料理の想像再現はこれまで何度か行われている。

古代にはワインの本場とみなされていたアナトリア

ヒッタイトの食文化を語る際に忘れてはならないのは、何といっても酒である。ヒッタイトで飲まれていた酒には、オオムギから作るビールと、ブドウから作るワインがあった。ヒッタイト帝国中興の英主・シュッピルリウマ一世の外交文書には「食え、飲め、楽しめ」という言葉が登場するが、イスラーム世界にありながら飲酒には比較的寛容なアナトリアの地、現在のトルコにふさわしい表現に思える。

特にワインについては、旧約聖書や古代ギリシャ・ローマ時代には、アナトリアこそがブドウの原産地と考えられており（実際は最古のワイン作りの証拠はもう少し北の南コーカサス地方から発見されている）、ワインの本場とみなされていたようである。アナトリアでもワインは確実にヒッタイトの時代以前から飲まれていたが、文字史料に登場するのは紀元前二〇〇〇年以降のカールム時代を待たなくてはならない。

ヒッタイト語でワインは「ウィヤナ wiyana」と呼ばれていたが、これは現在の英語の「ワイン」、ドイツ語の「ヴァイン」、フランス語の「ヴァン」、古代ギリシャ語の「オイノス」などと語根が共通している。ヒッタイト時代の南西アナトリアにはウィヤナワンダ（古代ギリシャ名はオイノアンダ）、すなわち「ワインの町」という名の町も存在していた。

パンと同様に、ヒッタイトではワインに関する語彙も豊富で、「赤ワイン」「良いワイン」「純粋なワイン」「蜂蜜入りワイン」「甘いワイン」「酸っぱいワイン」といったワインの種類、「王家御用達ワイン製造者」「ワイン長」などの役職があり、特に「ワイン長 GAL GEŠTIN」と訳せる献酌官は、王の側近中の側近の役職で、王の親族が就任する要職であった。宮廷儀礼におけるワインの重要性が窺えるであろう。

クシャックル・建物Cの58号室。ビール醸造室の出土状況を再現して撮影

ヒッタイト法典でもワインの価格が規定されており、銀一シェケル（一二・五g）は大甕二個分（約八〇～一〇〇ℓ）のワインと等価とされていたが、これは同量のコムギの一・五倍、オオムギの三倍の価格にあたる。またワイン農園四〇分の一エーカー（約一〇〇㎡。なお面積単位「エーカー」はヒッタイト語では「イク」）と等価であり、これは通常の農園の四〇倍にあたる。またブドウ畑を荒らすのは重罪とされていた。儀礼にも使われたワインは、総じて高級な飲料という扱いである。

一方ビールは庶民的な飲料であり、「若ビール」や「蜂蜜入りビール」といった種類があった。当時のビールは保存が効かないので、製造してすぐに消費されるか、ビール酵母のパンを携帯して、赴いた先々で作っていたようである。当時のビールはドロドロして沈殿物が含まれており、それを除くために先端に穴が開けられたストローのような器具で吸って飲んでいたようで、実際にその器具が発見されている。

庶民的な飲み物とはいえ、ビールは宗教儀礼でも登場しており、ワインと共に神への捧げものとされたり、火葬の際にワインと共に火を消すのに使われたりしたとの記録もある。酒は神々の怒りを鎮める飲料とされ、またヒッタイト神話には、天候神が酒でイルヤンカ竜を酩酊《めいてい》させて討ち取るという話もあり、ギリシャ神話や日本の八岐大蛇《やまたのおろち》の神話を連想させる。

ビール醸造の確実な考古学的証拠が初めて発見されたヒッタイト遺跡はクシャックルで、当時同遺跡の発掘隊員だった筆者もその現場に居て実測を担当した。それは神殿の入口脇の一室で、様々な器形の二七点の土器が折り重なるように出土した。その壺の一つには炭化したオオムギが中に入っていたのだが、それは加熱された麦芽であり、ビール作りの過程のものであった。その部屋からは醸造から保存までに使われた一連の土器が揃っており、ヒッタイトにおけるビール作りの過程や使われた土器のセット関係や、容量に関する度量衡が明らかになったのである。

まだ研究が進んでいない「衣」と「住」

本章ではヒッタイト人の衣食住全般について述べたかったのだが、「食」だけで紙幅が尽きてしまった。最後に「衣」と「住」に関して簡単に述べておきたいのだが、あまり研究が進んでいないのが実情でもある。

衣食住の研究でもっとも困難なのが、「衣」に関する研究である。衣類は土中に埋蔵されている間に腐朽してしまうので、遺存がもっとも稀な考古資料である。古代エジプトのように、墓室に丁寧に埋納され、極度に乾燥した環境ならば残ることもあろうが、いずれもヒッタイトでは見つかっていない。そのため、ヒッタイトの衣類の研究は、決して多くはない図像資料を手掛かりにするよりほかない。

主に神々の世界が描かれるヒッタイトの図像資料を見ると、男性（王もしくは男神）は腰巻状のごく短い布か、膝までの貫頭衣のような衣装、あるいはくるぶしまでを覆うスカート状の長衣を身につけている。女性（女神）は頭巾のような布で頭を覆い、プリーツの入ったスカート状の衣類を身につけている。衣類の素材は亜麻もしくは毛織物が多かったと思われるが、ヒッタイト法典の記載によれば、亜麻の服は銀五シェケル、羊毛の服は同じく二〇シエケルと、衣類は極めて高価だったらしい。

ヒッタイト人の風貌・風俗についてであるが、カデシュの戦いを描いたエジプト側の壁画資料では、ヒッタイト人は大きな鼻を持ち、髭がなく、長髪である一方、額を頭頂部まで剃り上げた「月代《さかやき》」のような髪型で描かれており、また同じくエジプトのテル・エル・ヤフデ

伝統的な土と木と石でできた家屋。トルコでも最近はこのような伝統家屋は少なくなった

イーヤで発見されたファイアンス飾板でも同様に表現されている。おそらく髪は黒く、現在のトルコ人や地中海人種と大差ない風貌であったろう。

「住」の方についてであるが、ヒッタイト遺跡の発掘では神殿や宮殿といった大型建築物が発掘対象になることが多かったため、一般住居について具体的に調査されたのは、これまでのところボアズキョイとクシャックルくらいである。ボアズキョイの発掘隊長を務めたP・ネーヴェ氏は建築家の出身であり、発掘された一般住居の研究を行い、現在のボアズカレ村に残っているトルコの伝統的住居と比較し、その間取りが近現代のトルコの伝統建築に通じている例として、ソファ（個々の部屋全てと繋がっている多用途空間）の存在を指摘している。

ヒッタイトの建築の特徴は、乾燥地帯でありながら比較的木材に恵まれ、また冬には積雪するという気候風土に応じて発達した、石材・木材・日干しレンガのコンビネーションであることは第十一章で既に触れた。このような住居は、夏は暑く冬は寒いアナトリアの気候風土に根差したものである。建築に使用された木材はマツ属あるいはナラが多くを占めていた。

第十三章　ヒッタイトの再発見

聖書の中で記憶されたヒッタイト

紀元前一二〇〇年頃にヒッタイト帝国は滅亡し、その文化の流れを汲む後期ヒッタイト（シロ・ヒッタイト）諸国も、紀元前八世紀末頃を最後に歴史の彼方に消えていった。後期ヒッタイトの特徴であるルウィ語象形文字の使用は紀元前八世紀頃で途絶えた。

ただし、国家として後期ヒッタイトの流れを汲む国が、アナトリア南部の地中海沿岸にあり、アッシリア帝国の史料に「ヒリック」という名で言及されるキリキア王国がそれにあたる。同国は、その後もアッシリアやアケメネス朝ペルシア帝国の支配下で自治を獲得して存続しており、後期ヒッタイトの末裔の一つとみなすべきと主張する説もある。この王朝は紀元前四〇一年にペルシア帝国の大王の弟キュロスが起こした反乱に巻き込まれ、姿を消した。なおこの地域では、紀元前一世紀頃までルウィ語が話されていたとする見解もある。

アナトリア西端のハリカルナッソス（現在のボドルム）出身である紀元前五世紀の古代ギ

カラベルの浮彫

リシャの著述家ヘロドトスは、オリエント諸国の地誌やペルシア戦争の歴史を記録した『歴史』の著者として有名であり、「歴史の父」とも呼ばれる。しかしながら『歴史』のどこを読んでもヒッタイト（ハッティ）の名は出てこない。

　トルコ西部、イズミル市の東二五㎞の峠道沿いの岩壁に、カラベル碑文と呼ばれる磨崖碑文がある。これはヒッタイト帝国の属国だったミラ国の王タルカスナワ（以前はタルコンデモスと読まれていた）が紀元前十三世紀半ばに残した碑文で、弓矢で武装した王の姿に、ルウィ語象形文字による碑文が添えられている（最近盗掘者によりダイナマイトで一部が破壊された）。これについてヘロドトスは、エジプト王セソストリス（センウセルト三世）がこの地に遠征してきた際に残したものだと『歴史』（巻二）の中で述べている。ルウィ語象形文字をエジプトのヒエログリフと誤認したのであろう。センウセルト三世はタルカスナワよりも六〇〇年ほど前のファラオであり、もちろんアナトリアまで遠征したことはない。「歴史の父」ヘロドトスの周囲には、ヒッタイトに関する記録は全く残されていなかった。
時代は下り、オスマン帝国時代の十七世紀半ば、博物学者キャーティプ・チェレビー（ハッジ・ハリーファ）は、その著書『世界の鏡』の中で、アナトリア中央部のイヴリズにある磨崖碑文について伝えている。これは紀元前八世紀後半に後期ヒッタイト諸国の一つ、トゥワナの王ワルパラワが残したもので、キャーティプ・チェレビーはこの碑文について、「異教徒の英雄エブリンドスの像である」との地元の言い伝えを記しているが、やはりヒッタイトの名は忘れ去られている。この碑文は一七三七年にもスウェーデン生まれの探検家ヨハン・オッターにより訪問されているが、そのときもヒッタイトと結び付けられることはなかった。

その一方で、ヒッタイトに関係すると思われる記述がたびたび登場する、世界的に知られる古い書物がある。それは『旧約聖書』（ヘブライ語聖書）であり、その中には「ヘト חת」と呼ばれる民族がたびたび登場する。古代エジプトではヒッタイトはヘテもしくはケタと呼ばれていたので、いかにもよく似た名前である。十六世紀に旧約聖書が英訳された際、「ヘト人」の語に対して「ヒッタイトHittites」という訳語が当てられたのが、日本語でも使われる「ヒッタイト」という呼称の始まりである。この聖書の中の「ヘト人」への関心が、二

イヴリズ碑文

〇〇〇年近くにわたり忘却の彼方にあったヒッタイト帝国の、二十世紀における再発見へと繋がっていくことになる。

『創世記』十章には、大洪水を生き延びたノアの子孫から世界の民族が広がっていく「民族表」が語られるが、ノアの孫（ハムの子）カナンの息子ヘトという人物についての記載があり、これがヘト人の祖ということになっている。さらにイスラエル民族の始祖アブラハムはウルからカナン（現在のイスラエル／パレスチナ）へ移住するが、カナンにあるヘブロンで、亡くなった妻サラのためにヘト人から墓地用の洞穴を買ったという（『創世記』二十三章）。アブラハムの孫エサウはヘト人の女を娶る（『創世記』二十六章以下）。移住先のエジプトから脱出したイスラエル人たちは、ヘト人など先住民が住むカナンを「約束の地」として神に示される。『民数記』十三章には、ヘト人はカナンの山地に住んでいると記されている。また『ヨシュア記』一章には、「荒れ野からレバノン山を越え、あの大河ユーフラテスまで、ヘト人の全地を含み、太陽の沈む大海に至るまでが、あなたたちの領土となる」という、ヘトの領域を示唆する記述がある。

やがてイスラエル人はダビデ王の指導の下に国家を樹立する。ダビデの配下にはヘト人がおり、特にダビデ王がヘト人ウリヤの妻バト・シェバに横恋慕し、ウリヤを謀殺してその未亡人を自らの妻としたという『サムエル記』の逸話は有名である。やがてバト・シェバは次代のイスラエル王ソロモンの母となる。

なお、聖書ではそうとは語られないのだが、ダビデ王が外交関係を持ったハマト国王トイは、後期ヒッタイト時代（紀元前一〇〇〇年頃）のハマト（パリシュティン）王タイタとの関連が考えられることは、第六章で述べた。

イスラエル人は紀元前五八七年に新バビロニア王国に滅ぼされてバビロン捕囚の憂き目に遭うが、その際に神はかつてのイスラエル王国の都エルサレムに「お前の出身、お前の生まれはカナン人の地。父はアモリ人、母はヘト人である」という（『エゼキエル書』）。なお『新約聖書』（ギリシャ語聖書）の『マタイによる福音書』では、イエスはソロモンの二十七代後の子孫ということになっている。


聖書に登場する「ヘト人」は、歴史上のヒッタイト人と同一視できるのだろうか。考古学からみると、ヒッタイト帝国の文化も、あるいは後期ヒッタイトの文化も、現在のイスラエル（パレスチナ）まで及んでいたとは考えにくい。アメリカの聖書学者G・メンデンホールは、紀元前一二〇〇年頃のヒッタイト帝国滅亡の際に、ヒッタイトの遺民がカナンに流浪してきたとの説を唱えたが（同時に鉄器の使用が拡散したと推測する）、考古資料からの裏付けは困難である。

エジプトで出土したアマルナ書簡（紀元前十四世紀）には、当時エジプトの属国であったエルサレムの王アブディ・ヘパという人名が登場する。この名にはフリ人の女神ヘパトの名が含まれているので、ヒッタイトとも関わりが深かったフリ人との関係は考えられるが、ヒッタイトとは直接結びつかない。また聖書に登場するヘト人とされる人名（エフロン、アビメレク、ウリヤ等）はヒッタイト語やルウィ語のそれではなく、そのままヒッタイトとの結びつきを認めることは難しい。

一方で、旧約聖書で語られる古代イスラエル王国、あるいはその後継国家の北イスラエル王国やユダ王国は、後期ヒッタイト諸国（特にハマト王国）にとっては近い国であり、紀元前八五三年には同盟してアッシリアに対抗したこともある。一方、紀元前十一世紀のアッシリア王ティグラトピレセル一世以降、アッシリア人はそれまでのアナトリアではなく北シリアの後期ヒッタイト諸国を指して「ハッティ」と呼ぶようになった。

こうした背景により、旧約聖書の物語に「ヘト」人が取り込まれた可能性はある。『列王記』下の七章六節に見られる、「主が戦車の音や軍馬の音や大軍の音をアラムの陣営に響き渡らせられたため、彼らは、『見よ、イスラエルの王が我々を攻めるためにヘト人の諸王やエジプトの諸王を買収したのだ』と言い合い、夕暮れに立って逃げ去った」という叙述などは、シリアの後期ヒッタイト諸国を意図したものと考えられる。

ともあれ、ヒッタイトは聖書の中にのみ、その断片的な記憶が留められる状態が長く続いた。

紆余曲折を経たヒッタイト再発見の歴史

十九世紀に入り、西ヨーロッパ勢力によるオスマン帝国への経済的進出が盛んになると、西欧の探検家がアナトリアの奥地にまで旅行するようになる。第一次エジプト・トルコ戦争直後の一八三四年、フランス政府の委託を受けた建築家シャルル・テクシェは、中央アナトリアの寒村ボアズキョイで地表に露出する巨大な廃墟を発見し、スケッチや平面図を作成し、翌年に報告書を刊行した。特にテクシェがボアズキョイの近隣にあるヤズルカヤで発見した磨崖碑文は、それまで全く知られていなかった美術様式のもので、人々の関心を集めた。当時この大遺跡は前述ヘロドトスの『歴史』に登場する、リュディア王クロイソスに攻撃された都市プテリアの廃墟であろうと考えられていた。その後この遺跡はローマ時代に栄えたタウィウムの遺跡であるとの説も出されたが、ヒッタイトと結び付けられることはまだなかった。

オリエントへの進出をフランスと競っていたイギリスもまた、探検隊をアナトリアに派遣し、イギリス人W・ハミルトンはボアズキョイの北二五㎞で、巨大なスフィンクス像が地表に

アラジャホユックのスフィンクス像

露出しているアラジャホユックの遺跡を発見、またアナトリア南部ではエフラトゥン・プナルの石積遺構を発見し、報告書に図版を記載している。

これらの遺跡は西欧の学界の関心を引き、その後ドイツやフランスの研究者がこれらの遺跡を訪れるようになった。一八六一年にはジョルジュ・パロを中心とするフランス探検隊が詳細なヤズルカヤの図面を作成し、アラジャホユックの最古の写真を撮影している。ヤズルカヤなどは前述カラベルの磨崖碑文との様式的類似も指摘されたが、ヘロドトスの記述通りに古代エジプトのものとされるか、少なくとも古代ギリシャ・ローマ様式ではないので、古代オリエントの未知の文化の所産であろうとの認識に留まっていた。

一方それ以前に、スイスの探検家ヨハン・ルートヴィヒ・ブルクハルトは、現地人に変装してオスマン帝国奥地のオリエントへ危険な探検旅行を行っていた。彼はエジプトのアブ・シンベル神殿や、ヨルダンのペトラ遺跡の発見で知られているが、一八一二年にシリアのハマ（古代のハマト）のバザールの壁に使われている石に奇妙な絵文字が描かれているのを発見し、イギリスの研究誌に報告した。この碑文は、後期ヒッタイトのハマト王が残したルウィ語象形文字碑文であり、西欧人によるヒッタイト関係遺跡の最初の報告となった。この石碑は六〇年後にアイルランド出身の宣教師W・ライトの手でオスマン帝国の都イスタンブルへ運ばれ、現在も考古学博物館に展示されている。

一八七四年にはユーフラテス河沿いのカルケミシュでもハマと似た絵文字で書かれた碑文が発見され、さらに同様の文字（当時は「ハマト文字」と呼ばれた）が刻まれた印影も発見された。前述のライトはこれらの文字は聖書に登場するヘト人（英語訳ではヒッタイト人）が残したものではないかと推測して論文を著し、さらにその二年後にはイギリスの東洋学者アーチボルト・H・セイスもその説を追認した。

一八八四年には『ヒッタイト帝国』と題する最初の書籍がライトにより出版され、忘れられた帝国ヒッタイトに関する書籍が相次いで刊行された。もっとも、当時はまだヒッタイトはカルケミシュを都とするシリアにあった国と考えられていた。またエジプト学者A・マリエットのように、古代エジプトを一時支配したヒクソスとヒッタイトを結び付ける説も表明さ

ブルクハルトが発見したハマ碑文（イスタンブル考古学博物館）

れた。

一方、アナトリアで調査を行った前述のジョルジュ・パロは、自身が調査したボアズキョイの巨大さに鑑みて未知の古代帝国の首都に相違なく、これはシリアで発見が相次いでいる「ハマト文字」を残した国と関係しているとの考察を開陳している。やや遅れてオスマン帝国への支援に力を入れ始めたドイツもアナトリア調査に参入し、ペルガモン遺跡の発掘で知られるカール・フーマンが一八八二年にサクチェギョズ、ジンジルリ、ボアズキョイで記録調査を行っている。一八八八年からはフーマンらはジンジルリで発掘を開始し、出土品は協定に基づいてベルリンへ送られた。

一八九三年にはフランスのE・シャントルがアラジャホユック、ボアズキョイ、キュルテペで発掘を行った。ボアズキョイでは、既に解読されていたアッカド語、バビロニア語と同じ楔形文字で書かれているので読む（音読）ことはできるものの、意味が分からない未知の言語の粘土板文書を発見した。これこそがヒッタイト語楔形文字の最初の発見であった。

この楔形文字文書と同じ未知の言語の文書（※アルザワ国がエジプト王に送ったヒッタイト語粘土板文書。第三章参照）が、エジプトのアマルナで発見されていたこともすぐに認識された。当時イスタンブルに滞在中だった言語学者ジャン＝ヴァンサン・シャイル神父は、これが「ハマト文字」で書かれたものとは別種のヒッタイト語文書ではないかとの予察を早くも発表している。

アマルナ書簡に登場するアルザワ国がアナトリアにあったとの推測は、ボアズキョイへの関心をさらに高めた。一九〇五年にドイツのオリエント学者フーゴー・ヴィンクラーは、トルコの考古学者オスマン・ハムディやT・マクリディの協力を得て、初めてボアズキョイを訪れ、「アルザワ語」（※ヒッタイト語）の粘土板文書を採集した。翌一九〇六年、ボアズキョイでの発掘調査が開始され、マクリディが発掘を指揮する一方、ヴィンクラーは現場で大量に出土する粘土板の解読作業を行った。

そこで発見されたのが、紀元前一二五九年にヒッタイトとエジプトの間で締結された和平条約文書であった。この文書は当時の国際語であるアッカド語楔形文字で書かれており、既

フーマンがジンジルリで発掘したライオン像（ベルリン美術館）

フーマンがボアズキョイで採取したヤズルカヤの型取り標本（ベルリン美術館）

にアッカド語は解読されていたため、ヴィンクラーはこの遺跡がアルザワの都ではなく、エジプトのカルナック神殿にヒエログリフで刻まれた和平条約碑文のもう一方の当事者、ヒッタイト帝国の都であるとすぐに悟った。これがヒッタイト帝国の再発見された瞬間であった。

しかしアルザワ語ならぬヒッタイト語はなお未解読であった。一九〇二年にノルウェーの言語学者J・クヌートソンはヒッタイト語がインド＝ヨーロッパ語族に属するとの予察を発表していたが、のちに自ら撤回している。第一次世界大戦中の一九一五年、チェコ（当時はオーストリア＝ハンガリー領）の言語学者ベドジフ・フロズニーが解読に成功し、ボアズキョイから出土した大量の粘土板文書が解読されるようになった。

ここにヒッタイト学が確立された。忘れ去られていた古代帝国の歴史が、あまたのヒッタイト学者の地道な解読作業によって掘り起こされてきたのである。本書の前半で紹介したヒッタイト帝国の歴史は、ヒッタイト学者たちの膨大な努力の結晶の、ほんの上澄みを紹介したに過ぎない。本書は考古学寄りの記述をしてきたが、ヒッタイト史の復元がその大部分を楔形文字史料の解読に拠ってきたことは疑いのない事実である。

アナトリア考古学研究の進展

一方アナトリア考古学は、第一次世界大戦後に成立したトルコ共和国の下でさらに進展した。西欧的国民国家として近代化政策を目指したトルコ共和国は、ドイツなどヨーロッパの学者を招聘《しょうへい》し、また西欧諸国に多くの留学生を送り出して自国の研究者を育成すると共に、外国隊を数多く受け入れて考古学調査を推進した。

第一次世界大戦で調査が中断していたボアズキョイでは、前年にマールブルク大学で博士号を取得したばかりの弱冠二四歳のクルト・ビッテル率いるドイツ隊が一九三一年に発掘調査を再開した。第二次世界大戦による中断こそあったものの、ボアズキョイでは現在に至るまでドイツ隊による発掘調査が続いている。ビッテルは一九七七年まで発掘隊長を務め、ボアズキョイの発掘成果に基づいて、ヒッタイトの考古学に関する基礎的な知見を築き上げた。その著書の中でも『ヒッタイト王国の発見』(大村幸弘/吉田大輔訳。原題は *Hattuscha. Hauptstadt der Hethiter. Geschichte und Kultur einer altorientalischen Großmacht* (ハットゥッシャ、ヒッタイト人の都、古代オリエントの大国の歴史と文化)) は今もなおヒッタイトの考古学の基礎的文献といえる。ボアズキョイの発掘隊長はその後P・ネーヴェ、J・ゼーアー、A・シャハナーへと引き継がれている。

アラジャホユックでは一九三〇年代に、トルコ共和国初代大統領ケマル・アタチュルクの肝いりにより、当時最新のアメリカ隊の手法の影響も受けながらもトルコ人考古学者が独力で発掘を行い、多大な成果を挙げた。アラジャホユックの「王墓」で発見された前期青銅器

ドイツによるボアズキョイの調査で出土したスフィンクス像。修復のためドイツに送られそのままベルリン美術館に展示されていたが、2011年にトルコに返還された

時代（紀元前三千年紀後半）の青銅製スタンダード（旗章）は、アナトリア主義を掲げる新国家トルコ共和国のシンボルとして各所に採用されている。

一九四七年に始まったトルコ南部カラテペの調査では、後期ヒッタイト時代のルウィ語象形文字とフェニキア語アルファベットの二言語で書かれた碑文が出土し、それまで未解読だったルウィ語象形文字解読への道を開いた。この遺跡の名は、ヒッタイト帝国の再発見の歴史を描いたドイツの作家C・W・ツェーラムの著書『狭い谷　黒い山――ヒッタイト帝国の秘密』（原題は*Enge Schlucht und schwarzer Berg: Entdeckung des Hethiter-Reiches*）のタイトルにも採用されている。

一九八六年からは、トルコ中部のカマン・カレホユックで、日本隊も発掘調査を開始した。この調査は現在も継続しており、一つの遺丘(ホユック)を地表から丁寧に掘り下げて文化編年を構築する作業を続けている。地道ではあるが、他の発掘隊が為しえなかった精度と規模の作業である。筆者はこの遺跡の調査に参加したことから、ヒッタイトやアナトリア考古学に関わることになった。

一九九〇年代以降、ヒッタイトの考古学研究はボアズキョイ以外にも広がり、特に本書で繰り返し紹介したクシャックル(古代名サリッサ)では、ヒッタイトの実像に迫る新たな知見が多く得られた。二〇〇二年にはドイツで大規模な「ヒッタイト展」も開催された。その頃筆者はドイツに留学しており、クシャックルの調査にも参加していたのだが、離れてしまった今にして思えば、当時の筆者はヒッタイト考古学の最前線を間近で見られる場所に身を置いていたのだと改めて感じる。

今後ヒッタイトやアナトリア考古学に関わろうという方々にアドバイスをするならば、まずはトルコ語を絶対に学んでおくべきといっておきたい(かくいう筆者も中途半端なトルコ語しか話せないのだが)。最近トルコ政府は、これまで外国隊に許可していた発掘権を自国の考古学者に振り分ける傾向が顕著になっている。もちろんトルコ共和国内での調査なのだから、これは当然といえば当然の措置ではある。さらに各発掘隊は隊員の半分以上はトルコ人で構成されるべしという規定も数年前から定められている。発掘隊員同士のコミュニケーションを図ったり、ヒッタイト学やアナトリア考古学の最新情報を得たりするには、今後ますますトルコ語の知識は欠かせなくなるだろう。

その一方で、英語は当然として、先行研究を理解するうえで特にドイツ語は重要となる。ヒッタイトの都ボアズキョイの発掘報告書は、今もドイツ語で刊行されている。最近は英語での論文発表が当たり前になったが、ドイツ人やフランス人は世界的な学問語としての自国の言語に対する矜持を維持し続けている。そして過去の主要遺跡の調査報告書は、ドイツ語やフランス語で書かれたものも多いのである。

そして何よりも、とにかくヒッタイトやアナトリアが好きだという興味を持ち続けることが重要であろう。ただし「それしかありません」という態度もまた、いざ挫折や行きづまりを感じたときに壁になってしまうものだと思う。考古学の研究はとりわけ一人でできるものではない。様々な人との出会いを通して、進むべき道にそれとなく誘導されていくものかもしれない。筆者も流されるままにここまで続けてこられたが、数多くの人々との出会いとその導きがなければ本書の成立も考えられなかっただろう。

PHP新書

PHP INTERFACE
https://www.php.co.jp/

津本英利［つもと・ひでとし］

1970年、岡山市生まれ。筑波大学大学院歴史・人類学研究科単位取得退学。ドイツ・マールブルク大学先史・原史学科博士課程に留学。トルコ、シリア、イスラエルでの発掘調査に参加。古代オリエント博物館研究部長。専門は西アジアおよびヨーロッパの考古学。共著に『聖書の世界を発掘する：聖書考古学の現在』（リトン）、『モノとヒトの新史料学：古代地中海世界と前近代メディア』（勉誠出版）、『古代オリエントの世界』（山川出版社）がある。

ヒッタイト帝国
「鉄の王国」の実像

PHP新書 1376

二〇二三年十一月二十九日　第一版第一刷

著者――津本英利
発行者――永田貴之
発行所――株式会社PHP研究所
東京本部――〒135-8137　江東区豊洲5-6-52
ビジネス・教養出版部　☎03-3520-9615（編集）
普及部　☎03-3520-9630（販売）
京都本部――〒601-8411　京都市南区西九条北ノ内町11
組版――有限会社エヴリ・シンク
装幀者――芦澤泰偉＋明石すみれ
印刷所――大日本印刷株式会社
製本所――東京美術紙工協業組合

ISBN978-4-569-85457-1

PHP新書刊行にあたって

「繁栄を通じて平和と幸福を」(PEACE and HAPPINESS through PROSPERITY)の願いのもと、PHP研究所が創設されて今年で五十周年を迎えます。その歩みは、日本人が先の戦争を乗り越え、並々ならぬ努力を続けて、今日の繁栄を築き上げてきた軌跡に重なります。

しかし、平和で豊かな生活を手にした現在、多くの日本人は、自分が何のために生きているのか、どのように生きていきたいのかを、見失いつつあるように思われます。そして、その間にも、日本国内や世界のみならず地球規模での大きな変化が日々生起し、解決すべき問題となって私たちのもとに押し寄せてきます。

このような時代に人生の確かな価値を見出し、生きる喜びに満ちあふれた社会を実現するために、いま何が求められているのでしょうか。それは、先達が培ってきた知恵を紡ぎ直すこと、その上で自分たち一人一人がおかれた現実と進むべき未来について丹念に考えていくこと以外にはありません。

その営みは、単なる知識に終わらない深い思索へ、そしてよく生きるための哲学への旅でもあります。弊所が創設五十周年を迎えましたのを機に、PHP新書を創刊し、この新たな旅を読者と共に歩んでいきたいと思っています。多くの読者の共感と支援を心よりお願いいたします。

一九九六年十月

PHP研究所